dtv

Wer bin ich? Was bedeutet Freiheit? Warum muss der Mensch leiden? Immer wieder stoßen wir auf grundsätzliche Fragen und suchen nach Antworten, um Klarheit für unser Leben zu gewinnen. Zu zwölf Schlüsselbegriffen der Existenz, z. B. Schicksal, Erkenntnis, Gut und Böse, erzählt Michael Köhlmeier eine von der Bibel, von Mythen, Sagen oder Märchen inspirierte Geschichte. Anschließend zeigt Konrad Paul Liessmann, welche Grundfragen des menschlichen Lebens aus den Erzählungen herauszulesen sind und erläutert, welche philosophischen Ideen daran anknüpfen. So entsteht ein ungemein anregender Dialog.

Michael Köhlmeier, geboren 1949 in Hard am Bodensee, lebt in Hohenems/Vorarlberg und Wien. Seine Romane und Erzählungen begeistern ein großes Publikum. Erfolgreich tritt er auch als Vortragender von mythischen Geschichten auf.

Konrad Paul Liessmann, geboren 1953 in Villach, ist Professor für Philosophie an der Universität Wien, wissenschaftlicher Leiter des Philosophicum Lech und mehrfach ausgezeichneter Autor zahlreicher Bücher.

MICHAEL KÖHLMEIER

KONRAD PAUL LIESSMANN

Wer hat dir gesagt, dass du nackt bist, Adam?

Mythologisch-philosophische Verführungen

dtv

Ausführliche Informationen über unsere Autoren und Bücher
www.dtv.de

FSC
www.fsc.org
MIX
Papier aus verantwortungsvollen Quellen
FSC® C019821

Ungekürzte Ausgabe
dtv Verlagsgesellschaft mbH & Co.KG, München 2019
Lizenzausgabe mit Genehmigung des Carl Hanser Verlags München

Umschlaggestaltung: dtv unter Verwendung eines Motives von Peter-Andreas Hassiepen, München
Satz: Satz für Satz, Wangen im Allgäu
Druck und Bindung: Druckerei C.H. Beck, Nördlingen
Gedruckt auf säurefreiem, chlorfrei gebleichtem Papier
Printed in Germany · ISBN 978-3-423-34959-8

Für Felicitas Feilhauer,

ohne die es dieses Buch nicht gäbe.

INHALT

NEUGIER

Das Paradies

Der Eine, der Ewige - Gott - stand auf seiner Erde und zog einen Kreis um sich, so weit sein Auge reichte, und bestimmte, dies solle das Paradies sein, und er erfand die Schönheit und schmückte mit ihr den Garten. Aber die Schönheit war nicht zu sehen, denn die Welt war noch dunkel. Da rief er Helel ben Schachar, den Sohn der Morgenröte, seinen Liebling, seinen Stellvertreter, der auch der Lichtträger genannt wird, Luzifer, und er befahl ihm, sein Licht auf das Paradies scheinen zu lassen, damit die Schönheit gesehen werden konnte.

Das war am ersten Tag der Schöpfung, an dem Gott sprach: »Es werde Licht!«

Luzifer stellte sich in die Fußstapfen Gottes und schickte sein Licht aus und sah, was er noch nie gesehen hatte: Schönheit. Und die Schönheit war so mächtig, dass er weinen musste. Da waren die Tränen erfunden. Aber Luzifer freute sich nicht über die Schönheit, er wurde neidisch. Er wurde neidisch, weil er solche Schönheit nicht erschaffen, weil er sie nur beleuchten konnte. Und da senkte er den Blick und sah an sich hinab und sah, dass die Fußabdrücke Gottes nur um ein Weniges größer waren als seine eigenen Füße. Da dachte er: Und wenn ich wäre wie er? Wenn ich sogar mächtiger wäre? Wenn ich ihn vielleicht sogar von seinem Thron stürzen könnte und mich zum Herrscher über die Welt ausriefe? Und er rief aus:

»Ich bin wie Gott!«

Da stand Gottes treuester Engel im Tor zum Paradies, in der Hand das Flammenschwert, und er rief zurück:

»Wer ist wie Gott?«

Und er hat sich damit seinen Namen gegeben: Michael.

Die beiden Engel, die größten und stärksten von allen, rangen miteinander, und Michael siegte in dem Kampf und stürzte den Lästerer in die Hölle. Aber bevor er fiel, griff Luzifer zum Himmel, um sich festzuhalten, und der Himmel riss unter seinem Gewicht, und so nahm Luzifer ein Stück des lebendigen Himmels mit hinunter in die Hölle. Dieses Stück wird es ihm erlauben, von Zeit zu Zeit in den Himmel zu steigen, um Gott zu besuchen und mit ihm zu sprechen – für eine knappe Frist nur, nie genug, um alles zu sagen, was er ihm gern sagen würde. Den Riss im Himmel kann man noch heute sehen: die Milchstraße.

Nun war es wieder dunkel, und Gott schuf die Sonne und die Sterne. Das war am dritten Tag, so steht es geschrieben.

Dann formte Gott aus Lehm den Adam und hauchte ihm Leben ein. Er formte ihn nach seinem Ebenbild: groß, mächtig, herrlich, schön. Durch nichts unterschied sich das Geschöpf von seinem Schöpfer. Da breiteten sich Unruhe und Verwirrung unter den himmlischen Heerscharen aus. Sie glaubten, ein neuer Gott sei gekommen, ein zweiter. Die einen meinten, der sei stärker als der erste, der alte, und sie schlugen sich auf seine Seite, dienerten sich ihm an. Die anderen rüsteten sich, um den ersten, den alten Gott zu schützen und seine Macht zu verteidigen. Die Dritten warteten ab.

Michael sagte zu Gott: »Ich rate dir, mach ihn kleiner, weniger mächtig, weniger herrlich, weniger schön, damit er sich von dir unterscheide.«

Und Gott nahm den Rat seines Treuesten an und verminderte den Adam.

Dann befahl er den himmlischen Heerscharen, sich vor Adam niederzuknien und ihm ihre Reverenz zu erweisen. Und alle knieten sich vor Adam nieder, nur einer nicht: Samael.

Samael sagte: »Ich bin aus Ewigkeit gemacht, der nur

aus Lehm, aus Erde, aus Dreck. Schon einmal hast du nachjustieren müssen. Woher wissen wir, ob er endgültig ist? Wenn bewiesen wird, dass er besser ist als ich, dann will ich mich gern vor Adam niederknien. Jetzt aber nicht.«

Gott hatte bereits die Tiere gemacht, aber er hatte ihnen noch keine Namen gegeben. Sie standen herum auf der Erde und warteten, und es war, als wären sie nicht, denn wer keinen Namen hat, der ist nicht. Gott kannte ihre Namen, aber er hatte sie noch nicht ausgesprochen.

»Ich werde euch drei meiner Tiere zeigen«, sagte er zu Samael. »Wenn du ihre Namen errätst, sollst du nicht niederknien müssen. Aber wenn Adam sie errät und du nicht, dann wirst du Luzifer in die Hölle nachfolgen.«

Das erste Tier hoppelte, hatte lange Ohren und einen kleinen buschigen Schwanz. Samael zählte alle seine Haare zusammen, dividierte sie durch die Anzahl der Beine, schaute ihm unter die Haut - aber er kam nicht drauf.

Da wandte sich Gott an Adam: »Has-t du eine Ahnung«, sagte er, »wie das Tier heißt?«

»Ha-se«, sagte Adam.

Und es war richtig! - Das zweite Tier hatte Flügel, aber es konnte auch schwimmen, es war weiß und sah sehr stolz aus und hatte einen roten Schnabel. Samael rechnete wieder, zog die dritte Wurzel und nahm zum Quadrat und schaute durch den Schnabel in das Tier hinein. Aber er wusste es wieder nicht.

Gott sagte zu Adam. »Adam, schwan-t dir, wie dieses Tier heißen könnte?«

»Schwan«, sagte Adam.

Auch das war richtig! – Das dritte Tier war sehr klein, es summte und flog von einer Blume zur nächsten. Samael mühte sich, erfand die höchsten Rechnungsarten, aber er wusste den Namen auch dieses Tieres nicht.

Gott sagte zu Adam: »Adam, mein Sohn, sag, biiin – ich zu Recht der Meinung, du kennst auch den Namen dieses Tieres?«

Und Adam antwortete: »Es ist die Biene.«

Da stand Michael schon hinter Samael, packte ihn und führte ihn hinaus aus dem Paradies und stieß ihn in die Hölle hinunter. Doch bevor er fiel, griff Samael nach einem der Flügel des Erzengels und riss eine Feder heraus. Diese Feder wird es ihm erlauben, von Zeit zu Zeit auf die Erde zu steigen, um die Menschen zu verführen.

Nun sollte Adam auch den anderen Tieren Namen geben. In einer langen Schlange standen sie an und warteten. Aber ihnen war nicht langweilig. Von jeder Tierart kamen nämlich zwei, ein Weibliches und ein Männliches, und die unterhielten sich gut miteinander, die Zeit wurde ihnen kurz, und bald waren sie zu dritt oder zu viert oder gar zu vielen.

Da wurde Adam traurig, und er sagte: »Ich will nicht länger allein sein. Ich möchte auch ein Weibliches neben mir!«

Und er gab keine Ruhe, und die Tiere mussten auf ihre Namen warten, und da wandte sich Michael an Gott und sagte: »Mach ihm ein Weib! Sonst wird deine Schöpfung nicht zu Ende geführt.«

»Ich wollte aber, dass er einmalig ist und einzig«, sagte Gott, »dass er unsterblich ist wie ich. Ich wollte nicht, dass er sich fortpflanzen muss.«

Aber Adam gab keine Ruhe, und da erfand Gott den Schlaf, und als Adam schlief, schnitt er ihm eine Rippe aus dem Leib und formte daraus Eva.

Nun war der Mensch, wie er noch heute ist. Gott führte Mann und Frau durch das Paradies und zeigte ihnen den Garten, der für sie gemacht war, und erklärte ihnen alles.

In der Mitte des Paradieses aber wuchs ein Baum. Er wuchs aus den Fußstapfen Gottes und aus den Fußstapfen Luzifers, es war der Baum der Erkenntnis von Gut und Böse.

»Von allen Bäumen des Gartens dürft ihr essen«,

sagte Gott, »nur von diesem nicht. Wenn ihr von diesen Früchten esst, dann werdet ihr des Todes sterben.«

So lebten Adam und Eva im Paradies, und ein Tag war so schön wie der andere, und ein Tag war gleich wie der andere.

Und an einem dieser Tage hielt sich Eva in der Nähe des Baumes auf, sie lag im Gras und schaute in den Himmel. Da kam die Schlange und sprach mit ihr.

»Willst du nicht wenigstens eine dieser Früchte essen?«, fragte die Schlange.

»Das darf ich nicht«, sagte Eva.

»Wer hat es dir verboten?«

»Gott hat es uns verboten.«

Die Schlange aber war Samael, der mithilfe der Feder aus Michaels Flügel aus der Hölle gestiegen war. »Und weißt du, warum euch Gott verboten hat, von diesem Baum zu essen?«, fragte er weiter.

»Wenn wir davon essen«, erklärte es ihm Eva, »dann werden wir des Todes sterben.«

»Und was heißt das?«

Das wusste sie nicht.

»Warum fürchtest du dich, wenn du nicht weißt, was der Tod ist?«, fragte Samael.

Auch darauf konnte ihm Eva keine Antwort geben.

»Kann es sein, dass der Tod etwas Herrliches ist?«

»Ich weiß es nicht.«

»Dass er vielleicht sogar das Herrlichste ist?«

»Ich weiß es nicht.«

»Dass euch Gott alles gegeben hat, nur den Tod nicht – kann das sein?«

»Ich weiß es nicht.«

»Gott hat Angst, dass ihr werdet wie er«, sagte Samael, und nun schmeichelte er und argumentierte und entkräftete und hetzte auch ein bisschen und machte schmackhaft und malte aus, wie es nur der Teufel vermag.

Und schließlich konnte Eva nicht anders, sie glaubte, nicht weiterleben zu können, wenn sie es unterließe: Sie pflückte eine Frucht von dem Baum und aß.

Und als Adam sah, was Eva getan hatte, da wollte er es auch tun, und auch er aß von dem Baum.

Da bebte die Erde. Sie bebte unter den Schritten Gottes. Adam und Eva versteckten sich im Gebüsch. Sie hockten im Gebüsch und rührten sich nicht, und sie betrachteten einander, als hätten sie einander noch nie gesehen. Sie sahen, dass sie nackt waren.

»Komm heraus, Adam!«, rief Gott.

Adam riss Blätter von den Sträuchern und hielt sie vor sein Geschlecht und trat vor seinen Schöpfer.

»Was tust du hier, was soll das?«, fragte Gott.

»Ich wollte nicht mit entblößter Scham vor dich hintreten«, sagte Adam.

Gott sagte: »Wer hat dir gesagt, dass du nackt bist, Adam?«

Darauf konnte Adam keine Antwort geben. Gott aber sah ein, dass sie sein Verbot nicht geachtet hatten, dass Adam und Eva vom Baum der Erkenntnis gegessen hatten. Und da verfluchte er sie.

Zu Eva sagte er: »Weil du das getan hast, sollst du unter Schmerzen Kinder gebären!« Zu Adam sagte er: »Du sollst im Schweiße deines Angesichts dein Brot essen!« Zur Schlange aber sagte er: »Weil du dich vom Teufel hast besitzen lassen, sollst du von nun an im Staub kriechen!«

Und wieder stand der Erzengel Michael am Tor, und wieder hatte er sein Flammenschwert in der Hand, und er führte Adam und Eva aus dem Paradies. Draußen waren die Nächte kalt und die Tage heiß, und gegen den Hunger mussten sie arbeiten, und vor den Gefahren mussten sie sich verbergen, und wenn die Zeit kam, die für sie bestimmt war, dann mussten sie sterben.

Nichts ist so verführerisch wie die Verführung. Das Lockende und Verlockende, die Andeutungen und Versprechungen, die Eröffnung von bisher ungeahnten Möglichkeiten, das Verlassen eines sicheren Bodens, das Umgehen des Gewohnten, das Faszinosum des Neuen: Wer wollte dem widerstehen?

Im Paradies - da muss es schön gewesen sein! Ja, so war es wohl. Am Anfang war die Schönheit, aber diese führte zu Wut, Trauer und Neid, und der Schöpfer des Menschen ähnelte weniger einem Gott in seiner Machtvollkommenheit als einem Bastler, der einiges ausprobiert, um dann bei einem Produkt zu landen, das nach kurzer Zeit wieder entsorgt werden muss. Diese Geschichte ist von Anbeginn an eine Geschichte des Aufbegehrens und der Vertreibungen. Die Schöpfung in ihrer Schönheit provoziert den Widerstand desjenigen, dessen Licht diese Schönheit sichtbar macht, ohne selbst daran Anteil nehmen zu können. In Luzifer vollzieht sich das Drama des Mediums, jener Instanz, die etwas ermöglicht, ohne gemeint zu sein. Das späte Credo Marshall McLuhans, das Medium selbst sei die Botschaft, könnte auch als luziferischer Reflex gedeutet werden, als Aufstand des Mittlers gegen das Vermittelte, als Protest des Trägers gegen das Getragene, als Rache des Boten an der Botschaft. Luzifer hatte, wie jedes Medium, für diese Hybris zu bezahlen.

Die Geschichte vom Anfang der Welt ist aber auch eine Geschichte von Ordnungen, von Hierarchien. Wer passt in wessen Fußstapfen, wer kann an wessen Stelle treten, wer ist ersetzbar, wer muss die Überlegenheit des anderen anerkennen? Dieser Kampf um Anerkennung beginnt mit einer einfachen Frage: Warum er und nicht ich? Sind wir nicht alle gleich? Wer darf ein Vorrecht beanspruchen? Gott kann in diesem Mythos seine Ansprüche noch durchsetzen und Luzifer, den Aufbegehrenden, der ihm gleichen will, aus seinem Paradies verbannen. Aber wir spüren, dass ein Schatten auf Gottes Allmacht gefallen ist.

Die eigentliche Dimension der Geschichte vom Paradies erschließt sich allerdings erst durch das Schicksal, das der Mensch in diesem Garten Eden erleidet. Der Mythos erzählt, dass der Mensch ursprünglich nahezu gottgleich war, um dann ein wenig reduziert zu werden, damit nicht Chaos und Verwirrung ausbrächen. Der Ehrgeiz, Dinge zu machen, die ihrem Schöpfer gleichen, ja diesen vielleicht sogar übertreffen, ist gefährlich. Man könnte daraus auch eine Klugheitsregel für Kreative im Allgemeinen, für die Programmierer der Künstlichen Intelligenz im Besonderen ableiten: Mache deine Geschöpfe immer ein klein wenig kleiner, geringer, weniger leistungsfähig, als du selbst es bist. Wie es aussieht, setzen wir viel daran, das Gegenteil zu erreichen.

Um dem kleiner gemachten Adam dennoch im Paradies einen Vorrang einzuräumen, muss Gott zu dem einen oder anderen Trick greifen. Dass dies bei der Verleihung von Namen an die Tiere geschieht, kommt nicht von ungefähr: Etwas zu benennen, ein Wort, einen Begriff für eine Sache zu finden, markiert nicht nur einen Herrschaftsanspruch, sondern garantiert auch Ordnung und damit Orientierung. Erst jetzt weiß Adam, wo er sich befindet und mit wem er lebt. Und deshalb weiß er auch, dass er allein ist. Mit der Gefährtin, die Gott ihm gibt und durch die er zu einem sozialen Wesen wird, verliert er seine Einzigartigkeit und – seine Unsterblichkeit. Wie das? Wusste oder ahnte Gott, dass Adam und Eva seine Gebote übertreten und damit dem Tod verfallen werden?

Die Deutungen des Paradieses ranken sich deshalb um jenen Akt, durch den der Mensch zum Menschen wurde. Die Sprache der Theologie nennt dies den Sündenfall. Aber was heißt Sündenfall? Wurde nicht dadurch der Mensch überhaupt erst zum Menschen? Und heißt Menschsein eben nicht, vom Baum der Erkenntnis essen zu müssen? Wären wir ohne diesen Genuss und das damit gewonnene Selbstbewusstsein nicht Tiere geblieben? Warum aber kam damit auch das Böse in die Welt? Dahinter verbirgt sich noch eine andere Frage: Waren die Menschen erst zum Bösen fähig, nachdem sie vom Baum der Erkenntnis des Guten und Bösen gegessen hatten, oder war das Essen vom Baum der Erkenntnis des Guten und Bösen selber schon die erste böse Tat? In welcher Situation waren die ersten Menschen eigentlich, als sie wussten, von allen Bäumen dürfen sie essen, nur von einem nicht?

Tatsächlich ist es dieses Verbot, das alles anders macht. Das Leben im Paradies kann, nachdem dieses Verbot ausgesprochen worden war, nun nicht mehr einfach gelebt werden, es kreist um einen kritischen Punkt, kehrt immer wieder zu diesem zurück. Es gibt etwas, das man tun könnte, aber nicht tun sollte. Das Verbot eröffnet die eine Möglichkeit, die unbekannte Folgen nach sich ziehen könnte. Das Verbot zwingt zu einer Entscheidung: gehorchen oder übertreten. Das Verbot erzeugt so ein widersprüchliches Gefühl: Angst und Neugier. Angst, weil die Folgen des Handelns im Unbekannten liegen, Neugier, weil dieses Unbekannte aufgedeckt werden will. Ich kann etwas machen und warten, was dann geschieht. Es wäre dies weniger eine theoretische Neugierde, die nur erkennen will, sondern eine praktische Gier, die etwas Neues in Erfahrung bringen möchte. Es ist eine seltsame Lust mit dieser Neugier verbunden: die Lust, etwas auslösen zu können, das vielleicht nicht mehr kontrollierbar ist. Ist die Spaltung des Atoms, sind die aktuellen Experimente mit der genetischen Ausstattung des Menschen denkbar ohne diese Lust?

Das Verbot ängstigt die ersten Menschen aber auch, weil mit der Möglichkeit unvorhersehbarer Möglichkeiten zum ersten Mal die Freiheit radikal ins Bewusstsein treten muss. Es war der dänische Philosoph Sören Kierkegaard, der diesen Aspekt ins Zentrum seiner Deutung des Sündenfalls gerückt hatte. Natürlich: Gott kündigt die Konsequenzen an, die das Essen vom Baum der Erkenntnis nach sich ziehen würde: *So wirst du gewisslich des Todes sterben.* Aber was heißt das schon? Im Paradies wird nicht gestorben, weder Adam noch Eva wissen, was das bedeuten mag, und die Schlange – oder ihre innere Stimme – macht sich dies zunutze: Vielleicht ist der Tod ja eine Kostbarkeit, die Gott seinen Geschöpfen vorenthalten will? Die Möglichkeit, etwas zu können, die durch das Verbot geweckt wurde, rückt gerade durch die Androhung einer Konsequenz näher. Damit aber ist plötzlich ein prinzipiell unabgeschlossener Freiheitsraum eröffnet.

Reicht Neugier aber, das Verbot zu übertreten? Muss nicht unterstellt werden, dass zumindest eine Ahnung davon da war, dass das Übertreten eines göttlichen Verbotes nicht richtig sein kann? Muss vielleicht sogar schon vor dem Sündenfall die Sünde als der Wille, etwas Böses zu tun, im Keim vorhanden sein? Oder zeigt das Verbot nur, dass der Mensch ein freies Wesen ist, aber in dieser Freiheit und nur in ihr das Böse sich verbirgt, mit diesem zusammenfällt? Ist Freiheit nur dann Freiheit, wenn sie auch die Möglichkeit zum Bösen enthält?

In diesem Zusammenhang drängt sich ein Gedanke auf, der auch den heiligen Augustinus beunruhigt hatte: dass sich in diesem Willen zum Bösen die eigentliche Menschwerdung ereignet. Denn nur der böse Wille – gespeist aus Hochmut, Hybris und Neugier – ist ausschließlich Sache des Menschen. Das Böse ist das, was der Mensch selbst tut, aus seinem Willen, nicht nach dem Willen Gottes. Wer sich an ein Verbot hält, orientiert sich an einem Außen, an einem Anderen, an einem Gesetz. Wer ein Verbot übertritt, ist damit ganz bei sich. Eva konnte von der Schlange, und Adam von Eva nur verführt werden, weil es eine Verführung zu sich selbst war. Jede Verführung verführt zu Möglichkeiten, die im tiefsten Inneren des Menschen schlummern.

Wer vom Baum der Erkenntnis des Guten und des

Bösen isst, der weiß: Freiheit, Selbstbestimmung und Verantwortung sind ohne das Böse nicht möglich. Diese Erkenntnis tut weh, Gott wollte sie uns ersparen, die Moral möchte sie negieren. Deshalb konnte Friedrich Nietzsche einmal mit Recht anmerken, das erste Gebot aller Moral laute: Du sollst nicht erkennen. Das Böse als eigene, ja den Menschen konstituierende Kraft zu akzeptieren fällt in der Tat schwer. Lieber deutet man das Böse als ein Gebrechen, als einen Defekt, eine Abweichung, als Mangel an Gutem.

Die Beschreibung des Bösen als Gebrechen impliziert, dass es letztlich therapierbar ist. Das aufgeklärte Zeitalter, ob biologistisch oder psychologistisch orientiert, ist fasziniert von der Möglichkeit, die Defizite von Natur und Gesellschaft auszugleichen, ja es bezieht aus dieser Möglichkeit seine so großartigen wie fragwürdigen Impulse zur Verbesserung des Menschen, von den großen Revolutionen, die den neuen Menschen kreieren sollten, bis hin zu den jüngsten Visionen einer gentechnischen Korrektur des von der Schöpfung offenbar mit dem Makel des Bösen ausgestatteten Menschen. Und manche Internet-Visionäre träumen von einer Gesellschaft, in der alle Menschen so vollständig transparent und kontrolliert sind, dass sie nicht einmal mehr auf die Idee kämen, etwas Böses zu tun. Nur glichen diese

Menschen den Automaten, die sie kontrollieren, hätten die Freiheit und damit sich selbst verloren. Manche halten diesen Zustand ja noch immer für das Paradies.

Das Paradies ist kein Ort des Friedens und der Freude, auch kein Ort der Hoffnung und der Sehnsucht, sondern ein Ort einer schmerzhaften Geburt: der des freien, selbstbewussten, sich seiner Sterblichkeit bewussten Menschen. Immanuel Kant deutete als einer der Ersten das Paradies als den Zustand einer harmlosen und sicheren Kindespflege, der verlassen werden muss, um sich als selbstbewusstes und vernünftiges Wesen der Welt zu stellen; Friedrich Schiller nennt den Sündenfall die größte Begebenheit der Menschheitsgeschichte, denn mit diesem beginnt die Geschichte der Freiheit. Und auch G. W. F. Hegel weiß: Mit dem Sündenfall und dessen Konsequenzen gewinnt der Mensch seinen Geist, und er kann nun den Park, der nur für Tiere, nicht für Menschen geeignet ist, verlassen. Denn eines ist für Hegel klar: Im Erkennen, aber auch nur in diesem, ist der Mensch durch den Sündenfall tatsächlich gottgleich geworden.

Entscheidend am Paradies ist, dass wir daraus vertrieben worden sind. Paradieserzählungen sind Verlustanzeigen, und als solche geben sie Auskunft über das, was es heißt, Mensch zu sein. Denn die Befindlichkeit des Menschen ist postparadiesisch – und damit haben wir alle Unschuld verloren. Unschuld war der Zustand einer Natürlichkeit gewesen, in der alles Notwendigkeit und nichts Freiheit, alles selbstverständlich und nichts fraglich war. Die Scham, die die ersten Menschen befällt, als sie nach dem Genuss der verbotenen Früchte sahen, dass sie nackt waren, ist Ausdruck dieser nun verlorenen Unschuld.

Wer hat dir gesagt, dass du nackt bist, Adam? Diese Frage Gottes trifft ins Mark und ist doch rhetorisch. Es gab niemanden, der dies hätte kundtun können. Adam hatte selbst die Augen aufgeschlagen und seine Natur, seinen Körper, sein Geschlecht als Makel erkannt. Er ist nun kein unschuldiges Kind mehr. Er weiß sich in Differenz zu seiner Natur. Und diese ist Begierde, Trieb, Lust, Sexualität, Leidenschaft. Die Ordnung des Gartens Eden ist aus den Fugen. Und diese Fugen sind nicht mehr zu kitten. Es gibt keine Rückkehr ins Paradies, auch wenn die Sehnsucht danach ungebrochen ist. Jedes Zurück zur Natur, jede Verklärung eines kindlichen und damit unschuldigen Zustandes möchte gleichsam den Preis der Freiheit nicht zahlen. Zu diesem Preis gehört aber auch die furchtbare Einsicht in unsere Sterblichkeit. Auch wenn wir es so genau gar nicht wissen wollten: Wer neugierig ist, muss mit allem rechnen.

ARBEIT
Daidalos

Daidalos war der berühmteste Erfinder der Antike. Lange hielt die Göttin Pallas Athene ihre Hand über ihn. In seiner Jugend war er Bildhauer gewesen. Er baute Menschen nach. Die stellte er in Athen auf dem Marktplatz auf. Dann hat er gehorcht, was die Leute sagen. Sie sagten: »Diese Figuren, die sehen fast so aus, als ob sie lebten. Fast!«

Dieses »fast« machte ihn zornig. Er hat geforscht. Und er kam drauf: Die Bewegung fehlte. Da hat er aus seinen Figuren Maschinen gemacht. Nun bewegten sie sich.

Und was geschah? Nichts geschah. Gar nichts. Die Leute sagten: »Man hat schon lange nichts mehr von Daidalos gehört. Was macht er? Macht er noch etwas?«

Seine Figuren, die sich auf dem Marktplatz von Athen bewegten, sahen aus wie lebendige Menschen. Niemand konnte sie von lebendigen Menschen unterscheiden, und niemand hat sich um sie gekümmert.

»Lass die Kunst!«, flüsterte ihm Athene ein. »Künstler

gibt es viele. Erfinder, wie du einer bist, gibt es keinen und gab es nie einen.«

Da wurde Daidalos Erfinder und Lehrer. Sein begabtester Schüler war sein Neffe Perdix. Mit sechs Jahren hat dieser Knabe die Säge erfunden! Mit zwölf den Zirkel! Mit dreizehn die Wasserwaage! Das machte Daidalos neidisch und zornig, und er gab seinem Neffen einen Stoß, und Perdix stürzte vom Felsen. In diesem Augenblick hat Pallas Athene die Seele des Daidalos verlassen. Sie fing Perdix auf und verwandelte ihn in ein Rebhuhn. Von nun an war Daidalos allein auf sich und seine Fähigkeiten angewiesen. Was er tat und wie er es tat, war nicht mehr Gabe einer Göttin, sondern Arbeit.

Er wurde des Mordes angeklagt und floh. Nach Kreta floh er.

Dort schlich er sich vom Schiff und versteckte sich am Ufer. Und da sah er eine Frau, die am Strand ging und weinte.

Er hat die Frau angesprochen, und sie sind zusammen ein Stück gegangen, und sie haben sich gegenseitig ihre Sorgen erzählt. Die Frau hieß Pasiphaë. Sie war die Königin von Kreta, die Frau des Minos.

»Warum bist du unglücklich?«, fragte er sie.

Und sie erzählte: Ihr Gemahl, Minos, war ein Sohn des Zeus. Nur seinem Vater hat er geopfert, nur zu ihm hat er gebetet. Poseidon, den Gott des Meeres, den hat der Minos verachtet. »Das ist nicht gut, wenn man auf einer Insel lebt«, hatte Pasiphaë zu ihm gesagt. Zeus selbst hatte seinem Sohn geraten, er solle dem Gott des Meeres wenigstens einmal ein Opfer darbringen. Und zu seinem Bruder Poseidon sagte Zeus: »Komm ihm entgegen, schick ihm einen Stier! Den wird er dir opfern.« So hat Poseidon einen wunderschönen, weißen Stier nach Kreta geschickt, die Hörner waren aus Kristall, die Hufe aus Gold, eines Tages war er aus dem Meer gestiegen. Minos gefiel das Tier so gut, dass er es behalten wollte. Ich werde dem Poseidon einen alten Ochsen verbrennen, dachte er, er wird den Unterschied nicht merken. Er hat Poseidon betrogen. Poseidon wagte es nicht, am Sohn seines mächtigen Bruders Rache zu üben. Er wandte sich an Aphrodite, die Göttin der Liebe, und die hat in das Herz der Pasiphaë eine Leidenschaft für diesen weißen Stier befohlen. Von dieser Stunde an hatte Pasiphaë keine Ruhe mehr, sie liebte dieses Tier, voll Gier war sie, sie wollte sich mit diesem Tier vereinigen. Aber sie wusste nicht, wie das geschehen könnte. – Diese Geschichte erzählte Pasiphaë dem Daidalos, als sie am Strand gingen.

»Wenn du mir einen Auftrag erteilst«, sagte Daidalos, »dann will ich über eine Lösung nachdenken.«

Diesen Auftrag erteilte ihm Pasiphaë. Und Daidalos dachte nach. Er erinnerte sich an seine Jugend, als er Menschen nachgebaut hat, die keiner von wirklichen Menschen unterscheiden konnte. Nun hat er eine Kuh gebaut. Aus Holz. An ihrem Bauch war eine Luke, durch die Pasiphaë in das Innere steigen konnte. Dort hat sie den Stier erwartet.

Und sie wurde schwanger von dem Tier. Sie brachte den Minotauros zur Welt, ein Wesen mit dem Körper eines Mannes und dem Kopf eines Stieres. Und dieses Wesen fraß Menschen.

Minos, der König, wusste nicht, dass Daidalos an der Sache Schuld hatte, er besprach sich mit dem Erfinder.

»Was soll ich tun? Ich kann ihn nicht töten. Dann wird Poseidon noch zorniger werden.«

»Wenn du mir einen Auftrag erteilst«, sagte Daidalos, »dann will ich über eine Lösung nachdenken.«

Und Minos erteilte ihm den Auftrag. Und Daidalos dachte nach.

Er konstruierte und baute ein Labyrinth. In der Mitte saß der Minotauros.

Daidalos wurde reich beschenkt – von Minos und von Pasiphaë –, er wurde ein berühmter Mann und heiratete eine Sklavin. Sie brachte ihm einen Sohn zur Welt, er nannte ihn Ikaros, und wäre das Heimweh nach

Athen nicht gewesen, er hätte zufrieden und glücklich gelebt bis an sein Ende.

Und dann war Krieg zwischen Kreta und Athen. Minos belagerte die Stadt und nahm sie ein, und ein neuer Frieden wurde ausgehandelt. Die Athener mussten sich dem Willen des Minos beugen. Alle Jahre musste Athen in Erinnerung an seine Niederlage zwölf Jungfrauen und zwölf Jungmänner nach Kreta senden, wo sie dem Minotauros geopfert werden sollten.

Und so geschah es.

Eines Tages aber kam wieder ein Schiff aus Athen, und unter den jungen Männern war der Sohn des Königs, nämlich Theseus, er hatte sich freiwillig gemeldet. Er hatte zu seinem Vater gesagt: »Ich werde den Minotauros töten und Athen von der Schmach befreien!«

Sie landeten auf Kreta, und Theseus traf Ariadne, die Tochter des Minos, und die beiden verliebten sich ineinander, und Ariadne wollte mit ihm fliehen. »Auch wenn du den Minotauros tötest«, sagte sie, »du wirst nicht aus dem Labyrinth in die Welt zurückfinden.«

Aber Theseus sagte: »Ich darf Athen und meine Freunde nicht verraten.«

Sie weihten Daidalos ein. Der sagte: »Wenn ihr mir einen Auftrag erteilt, dann will ich über eine Lösung nachdenken. Und wenn ihr mich mitnehmt, zurück nach Athen, und dort erzählt, dass ich euch gerettet habe, dann wird es eine gute Lösung sein.«

Und sie gaben ihm den Auftrag und gaben ihm das Versprechen, und Daidalos dachte nach.

»Nimm einen Faden«, sagte er zu Theseus, »binde ihn außen an den Pfosten und dann wickle ihn ab. Wenn du den Minotauros getötet hast, folge dem Faden zurück!«

Theseus tötete den Minotauros und floh mit Ariadne. Aber sie vergaßen Daidalos. Sie haben sich nicht mehr um ihn gekümmert. Sie haben ihn und seinen Sohn Ikaros auf der Insel zurückgelassen.

Alles flog auf, der Erfinder zog den Zorn des Königs auf sich, und wo der Minotauros gesessen hatte, nämlich in der Mitte des Labyrinths, dorthin wurden nun Daidalos und sein Sohn Ikaros verbannt.

So gut hatte er das Labyrinth gebaut, dass er selbst den Weg heraus nicht wusste. Vater und Sohn saßen zwischen den Überresten der geopferten jungen Männer und jungen Frauen, saßen zwischen den Geiern, die sich um die Kadaver rissen. Aber Daidalos, auch in seiner Verzweiflung, konnte nicht anders, als zu beobachten, zu betrachten und Schlüsse zu ziehen, und er beobachtete den Flug der Geier, betrachtete die Federn, die herumlagen, und zog daraus seine Schlüsse: Er baute aus Wachs und Federn die Flügel der Geier nach, und sie legten sich die Flügel an und erhoben sich aus dem Labyrinth.

»Flieg nicht zu hoch«, rief Daidalos seinem Sohn nach, »sonst schmilzt die Sonne das Wachs, und du stürzt ab. Flieg aber auch nicht zu niedrig, denn dann streifst du die Wellen des Meeres, und die Flügel werden schwer, und du kann sie nicht mehr heben!«

Aber Ikaros wurde von einer großen Laune ergriffen, er wollte hinauf, hinauf zur Sonne wollte er. Das Wachs schmolz, und er ist ins Meer gestürzt. Als er fiel, heißt es, habe Daidalos ein Rebhuhn lachen hören. Das war der verwandelte Perdix.

Daidalos landete auf Sardinien. Dort herrschte König Kokalos, der nahm ihn bei sich auf. Für die Töchter des Königs baute Daidalos Puppen, die sahen aus wie echte kleine Menschen, und die Töchter fürchteten sich vor diesen Puppen.

Minos wollte Daidalos wieder bei sich haben. Nicht, weil er ihn bestrafen wollte für seinen Verrat, das war alles vergessen, sondern weil der König von Kreta einsah, dass man auf einen solchen Mann nicht verzichten sollte. Daidalos war gut, um die Macht zu erhalten und die Macht auszubauen. So ließ er überall verkünden, wem es gelinge, einen Faden durch eine Tritonsmuschel zu ziehen, der bekomme die Hälfte der Schätze

Kretas. Er wusste, es gibt nur einen, der das kann. Und er wusste: Auf den Ehrgeiz des Daidalos konnte er sich verlassen.

Und so war es. Daidalos hat die Spitze der Muschel abgezwickt, so dass eine winzige Öffnung war, die hat er mit Honig bestrichen. Dann hat er einen Seidenfaden genommen und ihn um dem Hinterleib einer Ameise gebunden. Die Ameise kroch in die Muschel, sie roch den Honig, suchte und fand ihn am Ende der spiralförmigen Höhle, trat dort ins Freie, und Daidalos hatte die Aufgabe des Minos gelöst.

Minos segelte mit einem Heer nach Sardinien und befahl König Kokalos, den Erfinder herauszugeben. Und er nahm ihn mit zurück nach Kreta.

Was ist aus Daidalos geworden? Niemand weiß es. Manche behaupten, er sei nach Ägypten gezogen, bis heute könne man sich anschauen, was er dort gebaut hat.

Nichts ist so verführerisch wie die Aussicht, die Natur zu überlisten. Der Natur ausgesetzt zu sein, ist für ein denkendes Wesen furchtbar, kränkend, demütigend. Wie aber kann man sich der Natur bemächtigen, ihre

Geheimnisse entschlüsseln, sie zähmen? Indem man sie mit ihren eigenen Mitteln schlägt? Einfach wird dies nicht.

Sein Name ist Programm. Daidalos leitet sich vom griechischen Wort *daidallein* ab, das ein kunstvolles Arbeiten bezeichnet. Aber hat Daidalos wirklich gearbeitet? Im antiken Sinne eher nicht. Er war Künstler, Handwerker, Erfinder, kein Sklave. Die Antike unterschied feinsinnig unterschiedliche Formen menschlicher Tätigkeit: *ascholía*, eigentlich die Nichtmuße, die Beschäftigung, die eher freudlosen Dinge, die verrichtet werden müssen, um das Lebensnotwendige bereitzustellen, das tägliche Brot im Schweiße unseres Angesichts zu verdienen. Diese Arbeit, die auch zur Mühe und Plage, zur Qual - *ponos* - werden konnte, erachtete man aber eines freien Menschen für unwürdig, dafür hielt man sich Sklaven. Würdiger war schon *poesis*, das Hervorbringen und Herstellen, sei es von nützlichen Dingen, sei es von Kunstwerken - der Poet erinnert heute noch an diese Bestimmung. Menschenwürdig allein aber war *praxis*, das soziale Handeln des Menschen - Herrschen und Lieben, Kämpfen und Verwalten, Reden und Zuhören, Helfen und Verbannen. Daidalos, und dies macht diese Figur so faszinierend, steht an der Schnittstelle dieser Tätigkeitsfelder, und er verkörpert deshalb den modernen, zeitgenössischen Typus der Arbeit, die alle anderen Formen in sich aufgesaugt hat. Heute arbeitet auch der Künstler, es arbeitet der Politiker, es arbeitet der Ingenieur, und auch der Sozialarbeiter arbeitet.

Daidalos begann dort, wo wir Heutigen vielleicht gerne hinwollten: beim Bau von Maschinen, die den Menschen bis aufs Haar gleichen. Der japanische Wissenschaftler Hiroshi Ishiguro konstruierte einen Roboter, der ihm selbst zum Verwechseln ähnlich sieht, kein *Android* mehr, keine menschenähnliche Maschine, sondern ein *Geminoid*, ein Zwilling, der von einem Menschen nicht mehr unterschieden werden kann, weil er sich letztlich auch wie ein Mensch verhalten soll. Solche Verdoppelungen des Menschen hatte auch Daidalos hergestellt, und damit einen verblüffenden Effekt erzielt: Da kein Unterschied zu erkennen war, wurden diese künstlichen Menschen auch nicht weiter bemerkt, schon gar nicht wurde die Genialität ihres Herstellers gerühmt.

Wirft der Mythos hier einen Blick in unsere Zukunft? Sollte es tatsächlich gelingen, künstliche Intelligenzen zu kreieren, die sich in nichts von einem Menschen unterscheiden – würden wir diese dann nicht wie Menschen behandeln, ja behandeln müssen? Noch handelt es sich um Science-Fiction, aber wie etwa der Film *Ex machina* zeigt, wird lustvoll mit diesen gespenstischen Möglichkeiten gespielt. Nur nebenbei: Jenseits der Frage technischer Realisierbarkeiten zeigt sich gerade auch an dieser Frage, dass sich Science-Fiction immer wieder auch als Variation eines uralten mythischen Stoffes erweist. Jede Reise in die Zukunft ist eine Reise in die Vergangenheit.

Allerdings: Daidalos hatte mit seinen gehenden Statuen keine Roboter gebaut. Die brauchte er nicht, für die einfachen und beschwerlichen Arbeiten gab es genug Sklaven. Er hat diese Figuren als Kunstwerke geschaffen, er wollte einem maßgeblichen Ideal aller ästhetischen Anstrengung so nahe wie möglich kommen: der Nachahmung. In der Mimesis, der Nachahmung der Natur, sah Aristoteles einen wesentlichen Impuls aller ästhetischen Lust: Wir freuen uns, wenn wir etwas imitieren können, und wir freuen uns, wenn wir etwas Imitiertes sehen. Und nicht zuletzt: Durch Nachahmung kommen wir der Natur auch auf ihre Schliche.

Die Arbeit des Erfinders ist nicht frei von diesem Talent zur Nachahmung. Nur geht es dem Erfinder nicht um die Herstellung von Ähnlichkeiten, um daraus einen optischen oder akustischen, letztlich also ästhetischen

Genuss zu gewinnen, sondern um die Beobachtung und Nachahmung der Natur, um daraus einen Nutzen zu ziehen und die Natur selbst unter seine Kontrolle zu bringen. Das unterscheidet den Künstler Daidalos vom Techniker Daidalos, der nun Aufträge übernimmt, deren Kern darin besteht, soziale oder emotionale Probleme durch Technik, also durch eine Mischung aus Wissen und Kunstfertigkeit, aus Beobachtung und Anwendung, aus Innovation und Imitation zu lösen. Und genau in diesem Sinn können die Erfindungen des Daidalos, aber auch die Umstände, unter denen sie zustande kamen, als Vorspiel zur technizistischen Kultur der Moderne gelesen werden.

Daidalos ist keine sympathische Figur. Genau darin aber ist er durch und durch modern. Er ist ehrgeizig, eitel und selbstsüchtig. Seinen begabten Neffen tötet er, weil er dessen Konkurrenz fürchtet. Seine technische Intelligenz stellt er in den Dienst jedes Auftraggebers, ohne moralische Skrupel. Er gleicht darin jenen Wissenschaftlern und Technikern, die zuerst den Nationalsozialisten, dann den Amerikanern oder Sowjets dienten. Er hat kein Problem, den Wunsch der Gattin des Königs Minos, sich mit dem schönen Opferstier zu vereinigen, technisch zu ermöglichen, um dann dem betrogenen König zu helfen, das furchtbare Produkt dieser Vereinigung, den Minotauros, in ein Labyrinth zu verbannen. Seine Arbeit - man könnte geradezu von einem Daidalos-Prinzip sprechen - besteht in einem Zusammenspiel von genauer Beobachtung, Nachahmung, technischer Innovation und moralischer Skrupellosigkeit. Er muss eine künstliche Kuh bauen, die einerseits dem schönen Stier begehrenswert erscheint, andererseits aber Pasiphaë die Möglichkeit gibt, sich darin zu verstecken und dem Stier zu öffnen - Daidalos muss also die Natur mithilfe der Kenntnis der Naturgesetze überlisten. Und dies ist wohl keine schlechte Beschreibung dessen, was die Moderne seit Francis Bacon unter Naturwissenschaft verstehen wollte: die Natur zwingen, ihre Geheimnisse preiszugeben, um die Herrschaft über die Natur selbst zu bekommen.

Tatsächlich befriedigt Daidalos mit dieser technischen Lösung ein zutiefst emotionales Begehren, über dessen moralische Zulässigkeit er sich keine Sekunde den Kopf zerbricht: Wie kann sich eine Frau mit einem Stier vereinigen. Ohne den Vergleich zu weit treiben zu wollen, erinnert dies doch ein wenig an jene technischen Innovationen der Reproduktionsmedizin, die es kinderlosen und homosexuellen Paaren oder Frauen jenseits der Menopause doch noch erlauben, zu Kindern zu kommen. Daidalos ist das erste wirkliche Beispiel für jene von Theodor W. Adorno und Max Horkheimer in der *Dialektik der Aufklärung* freigelegte und kritisierte instrumentelle Vernunft, die jede Frage nur unter der Perspektive ihrer technischen Lösbarkeit, nicht unter der einer etwaigen moralischen oder politischen Zulässigkeit betrachtet. Dass Daidalos im Gegensatz zu Odysseus, um den sich die Dialektik der Aufklärung rankt, bei den Kritikern der instrumentellen Vernunft keine Erwähnung findet, verwundert einigermaßen.

Jede Episode aus den Erzählungen des Daidalos könnte auch als Parabel auf einen bestimmten Aspekt des Verhältnisses von Arbeit, Innovation und Technik gedeutet werden. Berühmt geworden ist der Flug des Ikaros, der zeigt, dass es die Technik dem Menschen einerseits ermöglicht, auch seine kühnsten Träume wie den vom Fliegen zu erfüllen, dass aber andererseits Hybris und Übermut die Technik immer wieder zum Ort von Katastrophen werden lassen. Im Sturz des Ikaros kommt nicht nur ein dem Menschen innewohnender Hang zur Selbstüberschätzung zu Fall, damit wird auch das Vertrauen in die Möglichkeiten der Technik erschüttert. In diesem Sturz sind die technischen Katastrophen des 20. Jahrhunderts vorgezeichnet, vom Untergang der Titanic über die verglühende Raumfähre

Challenger bis zur Explosion des Reaktors von Tschernobyl.

Der Ratschlag des Vaters, den der übermütige Sohn missachtete, gehorchte dabei einem alten antiken Prinzip der Lebensführung: das rechte Maß finden und halten. Bei Daidalos ist das rechte Maß allerdings nicht wie bei Aristoteles als Tugend definiert, sondern als technischer Imperativ. Die technische Konstruktion der Flügel erfordert ausreichende Distanz zur Sonne und zum Wasser. Vernunft im Sinne einer klugen Lebensführung und technischer Sachverstand im Sinne einer richtigen Einschätzung unserer Möglichkeiten sollten eine Einheit bilden. Die ungestüme Jugend konnte zu dieser Einheit nicht finden. Auch wenn es viele nicht so gerne hören: Die großen technischen Innovationen sollte man nicht der Jugend überlassen; ihr fehlt die Weisheit, damit angemessen umzugehen.

Die kunstvollen Arbeiten des mythischen Erfinders, Baumeisters und Architekten verweisen allerdings noch auf ein weiteres Moment, das als Vorspiel zur modernen Lebenswelt gesehen werden könnte. Durch jede technische Lösung eines Problems entsteht ein neues Problem, das wiederum nur durch Technik gelöst werden kann. Die künstliche Kuh, die eine Schwängerung einer Frau durch einen Stier ermöglicht, führt zu einem

Ungeheuer, das wiederum nur durch eine raffinierte technische Konstruktion gebannt werden kann. Wohl kann Daidalos Theseus einen guten Rat geben, wie man in dieses Labyrinth eindringen und wieder herausfinden kann, als er selbst in dieses Labyrinth gesperrt wird, gibt es diese Möglichkeit aber nicht mehr. Wenn der Weg aus dem Labyrinth in der Horizontalen nicht gefunden werden kann, muss man die Perspektive grundlegend ändern und den Blick nach oben richten – der Gefangene muss zum Vogel werden, um zu entkommen.

Daidalos könnte als mythologische Chiffre für das verstanden werden, was wir heute noch Arbeit nennen. Die beschwerlichsten und langweiligsten Tätigkeiten, die früher die Sklaven verrichten mussten, werden heute in hohem Maße von Automaten erledigt. Wir könnten diese auch Daidalos-Maschinen nennen. Uns bleibt als Arbeit die Lösung jener Probleme, die diese Maschinen hinterlassen. Ob es sich um die Verschmutzung der Umwelt oder die Automatisierung des Geldverkehrs, ob es sich um den Einsatz von Drohnen und Kampfrobotern oder um die digitale Vernetzung unserer Lebenswelt handelt – bei all den dabei auftretenden praktischen, moralischen, sozialen oder politischen Problemen setzen wir auf das Daidalos-Prinzip: Gib mir eine Aufgabe – ich werde dafür eine technische Lösung finden. Ohne die Ikaros-Warnung allerdings kann die Befolgung dieses Prinzips höchst riskant sein. Dass technische Systeme versagen, bemerkt man immer erst dann, wenn es zu spät ist.

GEWALT

Die Traurige

Es war einmal eine junge Frau, die wanderte über die Felder, und eines Tages klopfte sie an die Tür eines Bauern und fragte, ob er Arbeit für sie habe. Es war im Sommer, und im Sommer gibt es am Land immer viel zu tun, auf dem Feld wie im Haus. Auf dem Feld wird geschuftet, was Hunger macht, im Haus wird gekocht, damit am Abend der Hunger gestillt werden kann.

»Du kannst in der Küche helfen«, sagte der Bauer.

Er fragte nicht, woher sie kommt, die junge Frau. Warum fragte er nicht? Er hat doch sonst immer gefragt. Man nimmt nicht jeden. Man will doch wissen, wo hat der oder die vorher gearbeitet, gibt es Zeugnisse, was hat der oder die gelernt. Der Bauer hat sich nicht einmal getraut zu fragen, wie sie heißt. Er hat nur gesagt, sie könne in der Küche arbeiten.

Der Grund war, weil sie so geschaut hat. Wie hat sie denn geschaut? So schräg nach unten. Und die Augenbrauen haben sich ein bisschen gehoben, wenn sie geredet hat. Viel gesagt hat sie ja nicht. Und leise hat sie gesprochen. Der Bauer fühlte in sich etwas, er wusste nicht, wie er es nennen sollte. Dieses Gefühl riet ihm, die junge Frau in die Küche zu begleiten – was nicht nötig gewesen wäre, er hätte ihr ja nur den Weg zu zeigen brauchen, so groß war das Haus nicht, dass sie sich darin hätte verlaufen können, und in der Küche waren seine Frau und seine Tochter und zwei Mägde, die genau wussten, wie eine Neue einzulernen war.

»Das ist die Neue«, sagte er zu seiner Frau und zu seiner Tochter und zu den beiden Mägden, und seine Frau zog er beiseite und trug ihr auf: »Bitte, behalte sie im Auge, ich glaube, es geht ihr nicht gut.«

»Bin ich jetzt auch noch ein Doktor dazu?«, gab die Frau zurück. »Genügt es nicht, dass ich den Braten herrichte und die Kartoffeln und den Most vom Keller heraufhole?«

»Schau sie doch an!«, sagte der Bauer und öffnete die Tür ein wenig mehr. »Schau sie doch an! Ich will ein guter Mensch sein und kein schlechter.«

Die Bäuerin sah die junge Frau, wie sie mitten in der Küche stand, den Blick leicht schräg nach unten, und sie war gerührt. »Ja, gut«, sagte sie, »ich will mich um sie kümmern, auch ich will ein guter Mensch sein und kein schlechter.« Und bekam von ihrem Mann einen Kuss auf die Wange dafür.

Die Traurige machte ihre Arbeit, und sie machte ihre Arbeit gut, alle waren zufrieden mit ihr, und allen tat sie leid, eben weil sie so traurig war. Die Frauen in der Küche meinten, mit Zuwendung wäre vielleicht einiges zu richten, jede meinte das, die beiden Mägde, die Tochter und die Bauersfrau, jede wollte ihre Freundin sein, jede suchte die Nähe zu der Traurigen, und eine war eifersüchtig auf die andere.

Die eine Magd sagte, als sie einmal allein mit ihr war: »Sag doch, was kann ich tun, damit du nicht mehr so traurig bist!«

»Ach, das trau ich mich nicht zu sagen«, bekam sie zur Antwort.

»Aber warum denn nicht?«

»So halt nicht.«

»Bitte, bitte«, drängte die Magd und streichelte der Traurigen über die Haare.

»Ich müsste«, rückte die Traurige schließlich heraus, »ich müsste, ich müsste, ich müsste dringend einmal lachen.«

»Ja, das glaube ich auch. Was kann ich tun, damit du lachst?«

»Das trau ich mich eben nicht zu sagen.«

»Mir kannst du alles sagen. Alles. Ich verrat es niemandem.«

»Schwörst du es?«

Da lief es der Magd heiß durch die Adern. »Ich schwöre«, flüsterte sie.

»Gib Seifenpulver in das Kartoffelpüree«, sagte die Traurige.

Die Magd tat es, und am Abend mussten alle kotzen und noch einiges mehr. Die Traurige aber stieg in den Keller hinab, und dort hat sie gelacht, und einen Tag lang war sie nicht mehr traurig, hat nicht mehr schräg nach unten geblickt, nur einen einzigen Tag allerdings, dann war sie wieder traurig. Die Magd aber ist fristlos entlassen worden.

Dann kam die andere Magd und fragte: »Sag doch, was kann ich tun, damit du nicht mehr so traurig bist!«

»Das trau ich mich nicht zu sagen«, war wieder die Antwort der Traurigen, und nach langem Hin und Her rückte sie damit heraus, dass sie dringend einmal lachen sollte und dass sie nur lachen kann, wenn die Magd Rizinusöl in den Most gießt. Das hat die zweite Magd getan, und am Abend war das entsprechende Theater, und die Traurige stieg wieder in den Keller hinunter und lachte dort, und einen Tag lang war sie nicht mehr traurig und hat nicht mehr schräg nach unten geblickt, aber nur einen einzigen Tag lang. Auch diese Magd wurde entlassen.

Da kam die Tochter des Bauern, ein rundes, fröhliches Wesen, das von der Schlechtigkeit der Welt noch keinen Schimmer hatte, und fragte: »Was kann ich tun, damit du nicht mehr so traurig bist!«

Keine andere Antwort bekam sie als: »Das trau ich mich nicht sagen.«

»Aber ich bin deine Freundin.«

»Bist du das?«

»Ja, das bin ich ewig und immer.«

Diesmal begnügte sich die Traurige nicht mit Seifenpulver und Rizinusöl, diesmal musste es ein Feuer sein.

»Was für ein Feuer denn?«, fragte die Bauerstochter, die von Kopf bis Fuß in die Traurige verliebt war und alles für die Traurige tun wollte, ewig und immer.

»Wirklich alles willst du für mich tun?«

Ganz heiß floss es durch die Adern der Bauerstochter. »Alles.«

»Dann zünd die Scheune an!«, befahl die Traurige. »Wenn die Scheune brennt, das gibt ein Feuer, bei dem ich lachen kann. Dann bin ich nicht mehr traurig.«

Da hat die Tochter Streichhölzer genommen und hat eine ganze Handvoll davon angerissen und hat sie in das trockene Heu in der Scheune gesteckt, und die Scheune hat gebrannt, wie sich keiner erinnern konnte, dass jemals eine Scheune gebrannt hatte. Und die Traurige hat diesmal ihr Kopfkissen mit hinunter in den Keller genommen und hat es sich vor den Mund gepresst, so laut musste sie lachen. Man hätte es sonst bis auf den Hof hinauf gehört, wo sich die Feuerwehrmänner abmühten, damit die Flammen nicht auf den Stall und das Bauernhaus übergriffen.

Nur einen einzigen Tag hat sich die Fröhlichkeit im Herzen der Traurigen halten können, dann war sie wieder traurig wie eh und je und hat nach schräg unten geschaut. Die Tochter aber ist weggeschickt worden, in die Stadt, wo eine Verwandte lebte, eine strenge Tante, die ein strenges Auge auf sie haben sollte.

Schließlich kam die Bauersfrau persönlich auf die Stube der Traurigen und sagte: »Sag doch, mein liebes, liebes, liebes Mädchen, sag mir doch, was kann ich tun, damit du nicht mehr so traurig bist!«

»Ich möchte auf dem Rappen reiten«, sagte die Traurige.

»Wenn es weiter nichts ist«, sagte die Bauersfrau.

»Aber ich möchte so lange auf dem Rappen reiten«, forderte die Traurige weiter, »bis er unter mir tot zusammenbricht.«

Der Rappe war das schönste Tier auf dem Hof, das schon so manchen Preis gewonnen hatte, und erst vor wenigen Tagen war dem Bauern die Idee gekommen, seine Wirtschaft auszubauen und dazu auch noch Pferde zu züchten, weil so viele Leute ihn schon gefragt hatten, ob es denn keine Nachkommen von dem Rappen gebe.

»Aber warum, liebes, liebes, liebes Mädchen«, fragte die Bauersfrau, »warum willst du so etwas Böses?«

»Weil ich böse bin«, war die Antwort.

»Ich dachte, du bist traurig.«

»Das denken alle«, sagte die Traurige, die wir von nun an die Böse nennen wollen.

»Das glaube ich nicht«, sagte die Bäuerin. »Ich weiß es besser. Ich weiß, dass du nicht böse bist. Ich weiß, dass du traurig bist. Und ich will alles tun, um dir zu helfen.«

Die Bäuerin glaubte nämlich, ihr allein könne es gelingen, die Böse zu erlösen. Dann, so dachte sie bei sich, dann werde dieses liebe Mädchen endlich erkennen, wer sie wirklich liebt, und dann wird alles gut werden. Also erlaubte sie der Bösen, den Rappen so lange zu reiten, bis er unter ihr tot zusammenbrach.

Diesmal stieg die Böse nicht in den Keller hinunter, diesmal lachte sie offen im Haus. So laut lachte sie, dass die Bauersfrau sich die Daumen in die Ohren drückte. Und als das nichts half, lief die Bauersfrau davon. Und als sie das Lachen auch auf dem Feld noch hörte, lief sie in den Wald. Der Wald aber war nicht dicht genug, und so lief sie weiter, lief an der Straße entlang, lief bis zur Stadt, mischte sich unter das Getümmel, fragte die Leute, ob sie auch das Gelächter hörten.

Was fehlt noch? Richtig: das Herz des Bauern.

»Deine Mägde hast du vom Hof geschickt«, sagte die Böse, »deine Tochter hast du verbannt, deine Frau ist dir davongelaufen. Nur ich bin noch da. Heirate mich!«

»Das will ich nicht tun«, sagte der Bauer.

»Dann werde ich weinen und nicht aufhören zu weinen«, sagte die Böse.

»Das halte ich aus«, sagte der Bauer.

Von nun an schaute die Böse noch steiler nach unten, und sie sprach noch leiser als zuvor, und ihre Augenbrauen zitterten noch erbärmlicher, und immer waren ihre Wangen feucht, weil Tränen aus ihren Augen rannen. Sie weinte am Tag, und sie weinte in der Nacht. Sie legte sich in der Nacht auf die Schwelle zum Schlafzimmer des Bauern, und am Tag, wann immer er sich umdrehte, stand sie da und blickte schräg nach unten, und ihre Schultern zitterten, und sie schluchzte.

Schließlich hielt es der Bauer nicht mehr aus. Er wollte ein guter Mensch sein und kein schlechter Mensch. Wer einen anderen Menschen zum Weinen bringt, ist aber ein schlechter Mensch.

»Ich bin kein schlechter Mensch«, rief der Bauer, »nein, das bin ich nicht, ein schlechter Mensch bin ich nicht!«

Er heiratete die Böse. Und er war unglücklich bis an sein Lebensende.

Nichts ist so verführerisch wie die Tränen einer schönen Frau. Wo immer sie fließen, werden sie Aufmerksamkeit, Mitleid, Interesse, Einfühlung, ja, auch Neugier erwecken. Tränen, dieser sanfte Strom fluid gewordener Gefühle, rühren uns stets in eigentümlicher Weise. Das kann, mitunter, ein Leben dramatisch verändern. Und nicht immer zum Besseren.

Märchen kennen kein Erbarmen. Wer könnte einem traurigen Mädchen, das mit leiser Stimme und gesenktem Blick um Hilfe bittet, widerstehen? Der Bauer, der ein guter und kein schlechter Mensch sein will, sicher nicht. Er gibt der jungen Frau Arbeit, ohne zu fragen, wer sie ist oder woher sie kommt. Das Gefühl, dass es diesem Menschen schlecht geht, genügt, und so wird die Fremde in den gemeinsamen Haushalt aufgenommen, der besonderen Obsorge der Bäuerin empfohlen. Deren gesunder Realismus sträubt sich im ersten Moment dagegen: Warum soll sie sich in einem besonderen Maße um die Neue, die niemand kennt und von der niemand etwas weiß, kümmern, hat sie doch schon genug zu tun. Aber ein Blick in den Blick des traurigen Mädchens genügt, um diese Bedenken hintanzustellen.

Trauer ist unwiderstehlich. Und: Trauer ist verführerisch. »Hoch, schmal, umwallt in schwarzer Majestät, / naht eine Frau in großer Trauer, geht / an mir vorbei und rafft den Schleier zart. / Um edle Beine spannt sich eng das Kleid.« In dem Sonett *À une passante – An eine, die vorüberging* – hat der französische Dichter Charles Baudelaire das Wechselspiel von Trauer und Erotik, von Lust und Schmerz unnachahmlich zum Ausdruck gebracht. Der Faszination, die von einer still trauernden jungen Frau ausgehen kann, muss auch der Bauer im Märchen verfallen sein, auch wenn sich diese Zuneigung nicht in einem Sturm der Gefühle, in einer plötzlich aufflammenden Begierde, sondern in einem moralisch grundierten Wunsch zu helfen ausdrückt. Aber, so könnte man fragen, ist der Wille zu helfen nicht auch eine Form der Begierde?

Alle im Haus des Bauern verfallen dieser Begierde, der Bauer, die Frau, die Mägde. Alle verlieben sich in den traurigen Blick der Fremden, die zuverlässig ihre Arbeit verrichtet, keine Not mehr leidet, ihr Auskommen findet, aber ihre Trauer trotzdem nicht überwinden kann. Im Wunsch, der Trauernden nahe zu sein, werden die Bewohner aufeinander eifersüchtig, im Wunsch, den Schmerz der Trauernden zu lindern, fahrlässig. Als eine Magd fragt, was denn getan werden könnte, damit die Fremde nicht mehr so traurig sein muss, nimmt das Verhängnis seinen Lauf. Sie will, das liegt nahe, wieder einmal lachen. Aber was bringt sie zum Lachen? Der Schmerz der Anderen. Der Triumph über die Anderen. Aus Liebe, Hilfsbereitschaft und aus dem Willen, die Trauer der Fremden aufzuheitern, werden die Bewohner des Hauses zu Handlangern eines Vernichtungsfeldzuges, der keinen verschont.

Das Seifenwasser im Kartoffelpüree und das Rizinusöl im Most führen zu allgemeiner Übelkeit und zur Entlassung der Mägde, die angezündete Scheune vertreibt die Tochter, der zu Tode gerittene Rappe schlägt die Frau in die Flucht. Mit der Fremden, die nach jeder Untat, nach jedem Schmerz, der ihr zuliebe einem anderen Wesen angetan wurde, gerade einmal einen Tag fröhlich sein konnte, geht aber eine bemerkenswerte Wandlung einher. Verbarg sie am Anfang noch ihr schadenfrohes Lachen, lacht sie, ihres nahenden Sieges gewiss, immer lauter, unverstellt und bekennt sich zur Grausamkeit als Quelle ihrer Lust. Ja, sie ist böse und gibt das auch zu. Und das Erstaunliche: Der Trauernden nimmt man ihre Bosheit nicht ab. Darin liegt die eigentliche Gewalt der Trauer. Sie hat es leicht, denn sie ist über jeden Verdacht erhaben. Die Bäuerin, deren ursprüngliche Skepsis berechtigt gewesen war, will nicht nur weiterhin gut sein, sie glaubt, mit diesem moralischen Anspruch das Böse besiegen zu können. Das Gute aber, das Märchen demonstriert es eindringlich, ist nicht unwiderstehlich. Und der Gute, der das Gute für unwiderstehlich hält, wird zu Schaden kommen.

Der Bauer, der am Ende allein mit der Traurigen, die nun die Böse genannt wird, im Haus bleibt, wurde zum Opfer seines Mitleids. Dieses erlaubt es ihm auch nicht, dem letzten Wunsch der Bösen zu widerstehen. Ihrer Drohung, zu weinen und immer weiter zu weinen, wenn er ihrem Wunsch, geheiratet zu werden, nicht nachkommt, vermag der Bauer nichts entgegenzusetzen. Denn er will, auch angesichts all dessen, was ihm und seiner Familie angetan wurde, ein guter Mensch bleiben, und ein solcher bringt andere nicht zum Weinen. Er wird, so endet das Märchen, darob den Rest seines Lebens unglücklich sein. Ob die Böse hingegen ihr Glück gefunden hat, darüber verrät uns das Märchen nichts.

Märchen kennen kein Erbarmen. Märchenfiguren

auch nicht. Das schwache Mädchen mit dem traurigen Blick, die hilflose Fremde, die eine Arbeit sucht, erweist sich als Inkarnation des Bösen, die ihre Schwäche in brutale Gewalt umzumünzen weiß. Das Verstörende des Märchens besteht in der Demonstration einer Dialektik des Mitleids, die ansonsten wohl nur ein Philosoph wie Friedrich Nietzsche klar aussprechen konnte: Mitleid macht den Starken schwach. Der Mitleidige liefert sich doppelt aus: dem Leid des Anderen, das er lindern möchte, und seinem Leid, das er nun in der Identifikation mit dem Anderen selbst erfährt. Dem Leidenden gegenüber wird der Mitleidende selbst zu einem Leidenden. Ob Mitleid, wie Arthur Schopenhauer unterstellte, deshalb wirklich die einzige Basis für jede Moral darstellen kann, erscheint aus der Perspektive des Märchens mehr als fragwürdig, da das Mitleid auch den Blick verstellt für das Böse und damit dafür, was wirklich getan werden kann. Mitleid kann, wie vielleicht kein anderes Gefühl, erschlichen werden.

Paart sich das Mitleid mit einer erotischen Faszination, wird der Helfer schlechterdings hilflos, liefert sich durch seine Gefühle dem anderen vollständig aus. Tatsächlich trifft dies jede Form einer emotionalen Beziehung, die ohne das Spiel von Abhängigkeit und Dominanz nicht gelebt werden kann. Wer liebt, wird schwach, weil er um seiner Liebe willen alles tun wird, um den Geliebten nicht zu enttäuschen. Da es vollkommen symmetrische Beziehungen nicht gibt, wird jede Liebesbeziehung von diesem Ungleichgewicht gekennzeichnet sein.

Unser Märchen veranschaulicht einen Sonderfall solch einer ungleichen Beziehung. Es zeigt, was geschieht, wenn der Geliebte diese Liebe nicht nur nicht erwidert, sondern systematisch für seine Zwecke ausnutzt. Unter der Hand verwandelt sich die Entfachung von Emotionen wie Liebe und Mitleid in Möglichkeiten der Gewaltausübung. Die Traurige setzt ihren traurigen Blick gezielt ein, um über die dadurch evozierten moralischen und erotischen Gefühle ihr destruktives Werk in Gang zu setzen. Am Ende dieser Gewaltspirale hat die Ohnmächtige ihre Machtansprüche durchgesetzt. Sie konnte dies, weil die anderen gut sein wollten und deshalb hilflos jenen Affekten ausgeliefert waren, die sie dazu brachten, gegen ihre eigenen Interessen zu handeln. Das unbändige und grausame Lachen der Traurigen ist immer auch ein Lachen über diejenigen, die das Gute für unwiderstehlich halten und nicht erkennen, dass sie zum Opfer des Opfers geworden sind.

Die Versuchung liegt nahe, dieses Märchen auch unter dem Gesichtspunkt der Flüchtlingsdiskussion zu deuten. War es nicht so, dass die unzähligen Bilder trauriger Menschen, von denen man nichts wusste, moralische Gefühle in kaum bekannter Intensität auszulösen wussten? Und ist der Wille, fremdes Leid zu mindern, nicht auch in Gefahr, sich diesem auf Gedeih und Verderb auszuliefern? War es nicht dieser Wille zum Guten, der lange nicht wahrhaben wollte, dass Trauer und Schutzbedürftigkeit selbst noch keine moralischen Qualitäten sind? Und spielt nicht sogar in all dem Elend die erotische Dimension der Trauer eine, wenn vielleicht auch tabuisierte Rolle? Mittlerweile operieren Internetplattformen offensiv mit dem Bild des jungen, schönen Flüchtlings mit dem traurigen Blick. Nein, wir wollen dieser Versuchung nicht länger nachgeben und dem Märchen nicht mehr Bedeutung zugestehen, als es in seiner archetypischen Konstruktion aufzuweisen vermag.

Aber worin liegt dieses Archetypische? Es ist schon auch eine Geschichte über die verschlungenen Pfade der Gewalt. Sicher: Das Furchtbarste, das Menschen einander antun können, ist physische Gewalt. Dass Menschen andere Menschen bedrohen, angreifen, verletzen, verstümmeln, quälen können, dass Menschen anderen Menschen Schmerzen zufügen können, dass wir grausam sein können, erscheint umso paradoxer, als der Schmerz jene Erfahrung ist, die keiner am eigenen Leib verspüren möchte. Dass es manchmal ohne die Zufügung von Schmerzen nicht geht, weiß jeder Arzt, und die schmerzhaften Einschnitte der Wirtschaftsreformer tun manchen Betroffenen durchaus in einem physischen Sinne weh. Aber auch wenn man zugesteht, dass Formen von Gewalt mitunter notwendig und ethisch gerechtfertigt sein können, fällt Gewalt um der Gewalt willen aus jedem Rahmen. Die Zerstörung um der Zerstörung willen, die reine, pure Grausamkeit galt immer schon als die eigentliche Erscheinungsform des Bösen. In Fragen der Gewalt haben wir deshalb auch eindeutige Zuordnungen: Wer zuschlägt, ist der Täter, wer leidet, das Opfer.

Nicht nur für die Ethik des antiken Epikur war die Vermeidung von Schmerz deshalb das erste Gebot jeder Moral. Dass wir Wesen sind, die leiden können, schien für viele Philosophen Grund genug, in der Vermeidung und Verringerung von Leid die oberste ethische Maxime zu sehen. Nicht zuletzt die Fähigkeit des Mitleids, die immer schon weiß, wie das Leiden des Anderen sich anfühlt, weil wir selbst leidende Wesen sind, sollte doch genügen, um unsere Gewaltbereitschaft und Grausamkeit zu zügeln.

Was aber, wenn Mitleid und Gewalt zusammenhängen? Was, wenn die Räume der Gewalt durch Mitleid geöffnet werden können, was, wenn die Rollen der Täter und Opfer so klar nicht verteilt sind, was, wenn sich die Grausamkeit nicht nur in der Macht, sondern auch in der Hilflosigkeit, nicht nur in der Dominanz, sondern auch in der Schwäche, nicht nur in der Lust, sondern auch in der Trauer offenbart? *Die Traurige*, dieses wohl aus dem niederbayerischen Raum stammende Märchen, stellt uns nicht nur vor diese provozierenden Fragen. Es beantwortet diese auch auf eine verstörende Weise. Letztlich enthält es die wenig erbauliche Botschaft, dass das Böse imstande ist, das Gute rücksichtslos in seinen Dienst zu nehmen. Wäre der Bauer ein Anhänger der Gesinnungsethik eines Immanuel Kant gewesen, hätte er sich in seinem Unglück damit trösten können, dass er selbst frei von jeder Schuld sei, weil sein Gewissen rein geblieben sei und er immer das Gute gewollte habe. Dass dieser gute Wille selbst zu einem verhängnisvollen Werkzeug in den Händen einer schönen, traurigen, bösen Frau werden kann, daran hatte der asketisch lebende Philosoph nicht gedacht. Deshalb brauchen wir Märchen.

RACHE

Die Atriden

Tantalos durfte mit den Göttern an einem Tisch sitzen. Er hat vom Nektar getrunken und von Ambrosia gegessen. Als Gegenleistung lud er die Götter zu sich ein. Aber seine Vorräte reichten nicht aus. Darum schlachtete er seinen Sohn Pelops, briet ihn und servierte ihn. Er wollte nämlich auch herausfinden, ob die Götter wirklich allwissend sind.

Die Götter sind allwissend, und sie verließen das Haus des Tantalos und verfluchten ihn. Den Kessel mit der Speise nahmen sie mit.

Hermes setzte Pelops zusammen, und er war schöner als zuvor. Tantalos aber wurde in den tiefsten Tartaros geschlagen, wo er im Wasser steht und Durst leidet, wo die Äste voll mit Früchten über ihm hängen und er hungert.

Pelops, der Wiederhergestellte, wurde ein Mann, und er zog in die Welt hinaus. Er traf Hippodameia, die Tochter des Königs Oinomaos, und er begehrte sie. Der König aber wollte seine Tochter nicht hergeben, weil er sie selber liebte. Da griff Pelops zu List und Verrat und tötete ihn.

Und er trug damit den Fluch weiter, der auf seinem Geschlecht lag.

Die Söhne des Pelops und der Hippodameia waren Atreus und Thyestes. Sie waren Zwillinge, und sie hassten sich, als hätten sie den Hass erfunden. Schon im Mutterleib, erzählte ihre Mutter, seien sie aufeinander losgegangen, so dass sie sich in Schmerzen gewunden habe.

Sie wuchsen getrennt voneinander auf. Aber nach dem Tod ihres Vaters begann der große Streit.

Eines Tages entdeckte Atreus in seiner Herde ein goldenes Lamm, und er sagte sich, dies ist ein Zeichen, dass die Götter mich zum Herrscher bestimmt haben und nicht meinen Bruder. Er wollte das Schaf der Göttin Athene schenken, aber dann war es ihm doch zu schade, und er opferte ein anderes. Das goldene Schaf tötete er, das Fell zog er ab und verwahrte es.

Was Atreus nicht wusste: Seine Frau trieb es hinter seinem Rücken mit seinem Bruder Thyestes. Und die Frau erzählte Thyestes von dem goldenen Lamm und von dem Fell und verriet ihm auch, wo es ihr Mann versteckt hatte, und sie führte ihren Liebhaber in ihr Haus.

Thyestes stahl das Vlies und berief eine Volksversammlung ein. Er verkündete: »Eine Entscheidung muss getroffen werden! Wer soll Mykene beherrschen? Mein Bruder Atreus oder ich?«

Atreus stimmte seinem Bruder zu. »Die Götter sollen entscheiden. Die Götter, nicht das Volk! Die Götter sollen ein Zeichen setzen!«, rief er. »Wer von uns beiden ein Fell aus purem Gold vorweisen kann, der soll der König von Mykene werden!«

Da zeigte Thyestes dem Volk das Vlies.

Nun wusste Atreus, dass er von seinem Bruder betrogen und bestohlen worden war. Sein Hass wuchs noch mehr, und er flehte Zeus um Rache an.

Und Zeus hatte mehr Wohlgefallen an Atreus als an Thyestes. Er schickte einen Traum zu Atreus, der flüsterte: »Berufe auch du eine Volksversammlung ein und dort verkünde: Wer von uns beiden die Sonne zwingen kann, zu Mittag umzukehren, so dass sie am Abend nicht im Westen, sondern im Osten untergeht, der soll der König sein.«

Atreus tat, wie ihm der Traum befohlen hatte, und tatsächlich hielt Helios zu Mittag seine Rosse an, riss den Sonnenwagen herum und fuhr zurück nach Osten.

Atreus war nun der König, und Thyestes floh aus Mykene.

Atreus hatte alles gewonnen, aber sein Hass war nicht gestillt. Er ließ Zeit vergehen, dann sandte er Herolde zu seinem Bruder, die teilten ihm mit, der König sei in sich gegangen, er bereue, er wünsche, dass Thyestes zurückkehre, er wünsche, sich mit seinem Bruder zu versöhnen.

Und Thyestes glaubte es. Er machte sich mit seiner Familie auf den Weg nach Hause.

Sie wurden mit Prunk empfangen. Atreus bat die Frau und die beiden Söhne des Thyestes: »Lasst mich und meinen Bruder eine Weile allein. Wir wollen einander in die Augen sehen und uns aussprechen.«

Dann führte er Thyestes in das Kellergewölbe des Schlosses. »Ich möchte dich bedienen«, sagte er. »Du ganz allein sollst hier mein Gast sein.«

Er brachte eine Schüssel mit Fleisch, legte seinem Bruder vor, und Thyestes aß.

Nachdem er gegessen hatte, fragte Thyestes: »Wie ist es dir ergangen in all den Jahren, Bruder? Was hast du gemacht?«

Atreus antwortete: »Ich habe mich mit Bildhauerei beschäftigt. Möchtest du sehen, was ich gemacht habe?«

Atreus ging und kam zurück mit einem Tablett. Darauf waren zwei merkwürdige Figuren. Es waren zwei Köpfe, von den Köpfen standen Arme ab, und gleich unten beim Hals waren die Beine.

Atreus fragte: »Gefallen dir diese Figuren? Sag, Bruder, gefallen sie dir?«

»Es scheint mir«, sagte Thyestes, »als fehle ihnen der Mittelteil. Vielleicht täusche ich mich ja, vielleicht sollte ich die Figuren von vorne sehen.«

Und Atreus: »Ja, das solltest du. Das solltest du unbedingt. Unbedingt solltest du sie von vorne sehen.«

Er drehte das Tablett um, und da erkannte Thyestes, dass es die Köpfe und Glieder seiner beiden Söhne waren.

Atreus sagte: »Du hast dich für ihre Mittelteile interessiert? Die hast du soeben gegessen.«

Thyestes erbrach das Fleisch seiner Söhne und lief aus dem Haus. Er suchte einen Seher auf, fragte, was er tun könnte, um diese grausige Tat zu rächen.

Der Seher sagte: »Du sollst mit deiner Tochter schlafen, und wenn sie einen Sohn zur Welt bringt, wird er dich rächen.«

Thyestes überlegte nicht lange, er stürzte sich auf sein Töchterchen und vergewaltigte sie. Sie brachte den Aigisthos zur Welt, und als er ein Mann war, tötete er den Atreus. Und dem Sohn des Atreus nahm er die Frau weg, und eine Zeitlang herrschte er in der Burg, die Atreus erbaut hatte.

Atreus hatte zwei Söhne, Agamemnon und Menelaos.

Agamemnon sah eines Tages Klytaimnestra und wollte sie haben. Sie war aber bereits verheiratet, und sie hatte ein Kind. Agamemnon tötete ihren Mann und tötete ihr Kind und vergewaltigte sie im Blut ihrer Liebsten. Klytaimnestras Vater verzieh ihm und gab ihm seine Tochter zur Frau. Vor dem Löwentor in Mykene befahl Agamemnon, sie solle vom Pferd steigen. Dann trat er sie nieder und zerrte sie an den Haaren in die Burg.

Agamemnon und Klytaimnestra hatten vier Kinder: Iphigenie, Chrysothemis, Elektra und Orestes.

Agamemnon sollte die Heere der Griechen vor Troja führen. Weil aber kein Wind blies und die Schiffe im Hafen von Aulis lagen, versprach er, seine Tochter Iphigenie der Göttin Artemis zu opfern, wenn Wind aufkäme. Nun hasste Klytaimnestra ihren Mann noch mehr, und sie wünschte sich nichts mehr vom Leben, nur seinen Tod.

Nach zehn Jahren kehrte Agamemnon aus Troja zurück. Er brachte die Seherin Kassandra als seine Beute mit. Als er ins Bad steigen wollte, warf Aigisthos, der Liebhaber der Klytaimnestra, ein Netz über ihn, und Klytaimnestra stand da mit dem Beil, und sie erschlug Agamemnon. Und Aigisthos erschlug Kassandra.

Elektra war Zeugin gewesen, als ihr Vater ermordet wurde. Sie suchte ihren Bruder Orestes und sagte zu ihm: »Du weißt, was du zu tun hast.«

Orestes ging nach Delphi und befragte das Orakel, und das Orakel antwortete ihm: »Du musst Rache üben! Du musst deinen Vater rächen. Wenn du es nicht tust, wirst du die Lepra bekommen, sie wird dir dein Fleisch von den Knochen fressen, und nach deinem Tod wirst du in den Tartaros geworfen.«

Nun zog Orestes Erkundigungen ein, und er erfuhr, wie sich Aigisthos in Mykene aufführte, dass er keinen Tag vergehen ließ, ohne dass er sein Wasser auf dem Grab des Agamemnon abschlug, dass er auf dem Grabhügel tanzte und dabei sang: »Komm, Orestes, verteidige die Ehre deines Vaters!«

Orestes fuhr nach Mykene. Aigisthos stand gerade am Altar und wollte ein Opfer darbringen. Gab es da noch einen Gott, an den sich Aigisthos wenden konnte? Orestes riss ihm das Opfermesser aus der Hand und schlug es ihm in den Rücken.

Klytaimnestra fiel vor ihrem Sohn auf die Knie, flehte, er möge sie verschonen. Riss ihr Gewand auf und zeigte ihm ihre Brüste. »Daraus hast du getrunken«, schrie sie.

Orestes enthauptete seine Mutter.

Damit hatte er vollbracht, was das Orakel von ihm gefordert hatte.

Aber die Erinnyen, die Rachegöttinnen, wollten nicht zulassen, dass der Sohn ungestraft die Mutter tötet. Sie hetzten Orestes durch die ganze Welt. In seiner Verzweiflung biss er sich einen Finger ab.

Schließlich stellte er sich. Auf dem Areopag in Athen wurde über ihn Gericht gehalten. Dem Prozess stand Pallas Athene als Richterin vor. Apoll übernahm die Verteidigung. Die Erinnyen waren die Anklägerinnen, die Bürger von Athen die Schöffen.

Jeder trug seine Sache vor. Orestes sagte: »Apoll und sein Orakel haben mir befohlen, meine Mutter zu töten.«

Die Erinnyen argumentierten: »Niemand darf den Leib töten, aus dem er in die Welt gekommen ist.«

Am Schluss stimmten die Bürger von Athen ab. Aber es konnte kein Urteil gefällt werden. Die Frauen stimmten gegen Orestes, die Männer stimmten für ihn.

Da stieg Pallas Athene von ihrem Thron und stellte sich zu den Männern.

»Väter«, sagte sie, »haben den Vorrang gegenüber den Müttern.«

Nichts ist so verführerisch wie der Hass, der die guten Gründe auf seiner Seite glaubt. Erlittene Schmach mit einer Schmähung erwidern, Demütigungen mit einer Erniedrigung beantworten, Gleiches mit Gleichem vergelten, das Verwerfliche mit allen erdenklichen Mitteln verfolgen: Wer, dem solches je widerfahren, wüsste nicht von diesen Impulsen zu berichten, die aus dem tiefen Inneren aufsteigen. Und doch darf ihnen nicht nachgegeben werden.

Furchtbareres als den Fluch, der auf dem Geschlecht des Tantalos lastete, haben die Mythen der Antike kaum zu bieten: Hybris, Kannibalismus, Inzest, Vergewaltigung, Betrug, Gemeinheit, Muttermord. Nichts, was an Grausamkeiten und Widerwärtigem vorstellbar ist, das darin nicht seinen Platz hätte. Es geht dabei nicht nur um das Brechen von Tabus, um das Ausleben exzessiver Gewalt- und Folterphantasien, es geht in dieser Kette von Erzählungen auch und wohl in erster Linie um einen Prozess, der aus der Barbarei in die Zivilisation führt und sich dabei seines barbarischen Ursprungs bewusst bleibt. Die Erinnerung an diesen Mythos, an ein Verhängnis, das sich über Generationen fortsetzt, enthält nicht nur Einsichten in die dunklen Seiten des Menschen; sie enthält vor allem ein längst verlorengegangenes Wissen über den Ursprung und die Fragwürdigkeit unseres Rechts.

Vorab gilt: Alles bleibt in der Familie. Gerade deshalb aber wird die Familie als Ort der Sicherheit, der Treue und der Gemeinschaft zerstört. Tantalos fordert die Götter heraus, indem er ihnen das Fleisch seines Kindes serviert. Er macht dies teils aus Verlegenheit, denn er hatte zu wenig gekocht, teils aus Hybris, denn er wollte die Götter einem kompetenzorientierten Leistungstest unterziehen. Schwer zu sagen, was die Götter mehr erzürnte: dass sie Menschenfleisch vorgesetzt bekamen, dass ihr Gastgeber seinen Sohn opferte oder dass Tantalos glaubte, die Klugheit der Götter auf die Probe stellen zu dürfen. Möglich, dass der Fluch, der Tantalos traf, dem Kannibalismus galt, dessen Tabuisierung der Mythos nun festschreibt. Möglich, dass dieser Fluch zeigt, wie maßlos in ihrem Wunsch nach Strafe auch Götter sein können – warum begnügten sie sich nicht mit den Qualen des Tantalos, warum musste sein Geschlecht über Generationen für dessen Verbrechen büßen? Möglich aber auch, dass dieser Fluch demonstriert, wie sich das Unrecht fortpflanzt, weil es sich im Recht fühlt. Und eines gibt es dabei nicht: eine klare Trennung von Tätern und ihren Opfern. Pelops, der geschlachtete Jüngling, der sein Weiterleben dem

Geschick des Hermes verdankte, wird selbst zum Verräter und Mörder, das Opfer wird zum Täter. Opfer zu sein, so lehrt der Mythos, ist keine moralische Qualität.

Was aber pflanzt sich fort, wenn sich das Verbrechen fortpflanzt? In diesem Mythos schenken die Angehörigen einander nichts. Zwei Brüder, Atreus und Thyestes, die einander bis aufs Blut hassen, ohne Grund und von Anbeginn - ein Motiv, das wir kennen, das sich von Kain und Abel über Jakob und Esau bis zu den Söhnen des alten Moor aus Friedrich Schillers *Die Räuber* zieht. Warum dieser Hass? Natürlich: Es geht um Macht. Es geht, wie in jeder patrilinearen Gesellschaft, um die alles entscheidende Frage: Welcher Sohn folgt dem Vater nach? Und das bedeutet: Jeder zweite Sohn, jeder Bruder ist schon zu viel. Je mehr Söhne, desto brutaler der Kampf um die Position des Vaters; je größer die Zahl der jungen Männer, die um die beruflichen und sozialen Positionen der wenigen alten Männer konkurrieren müssen, desto größer die Gefahr von Krieg und Bürgerkrieg. Auch Atreus und Thyestes führen diesen Kampf mit allen erdenklichen Mitteln: Verführung, Ehebruch, Verrat, List, Täuschung, Demütigung. Nur in einer Familie, in der es um ein Erbe geht, das nicht geteilt werden kann oder will, sind diese Exzesse des Inhumanen denkbar. Aber jeder, dem in diesem Kampf übel mitgespielt wurde, fühlt sich nicht nur im Recht, sondern auch in der Pflicht, sich dafür zu rächen.

Rache. Damit ist vielleicht das zentrale Motiv dieser Mythenfolge benannt. Erlittenes Unrecht gutzumachen, indem man Gleiches mit Gleichem vergilt, den Betrug durch Betrug, den Mord durch Mord – auch dann, wenn das ganze Leben unter diesem Racheimperativ steht. Der Philosoph Peter Sloterdijk hat einmal die Bemerkung gemacht, dass Menschen, die ein Racheprojekt verfolgen, damit von Sinnkrisen erst einmal befreit sind. Rache, und das macht das Faszinosum dieser archaischen Form der Vergeltung aus, ist weniger Resultat eines spontanen Affekts, sondern die Transformation dieses Affekts in eine planende, kalkulierende, weite Zeiträume, ja Generationen umfassende Rationalität. Rache ist das erste wirkliche Zukunftsprojekt.

Nachdem Thyestes erkannt hat, dass sein Bruder ihm die eigenen Söhne als Versöhnungsmahl aufgetischt hatte, lässt er sich von einem Seher, durch den wohl auch ein Gott spricht, beraten. Er soll seine Tochter vergewaltigen, die ihm einen Sohn gebären wird, der ihn rächen wird. Aigisthos wird dann auch Atreus töten, selbst aber einer Rache zum Opfer fallen. Aber auch Elektra und Orestes müssen auf die Gelegenheit zur Rache für den Mord an ihrem Vater Jahre warten, auch für sie wird die Rache zu einem existentiellen Modus: Leben bedeutet warten, bis die Gelegenheit zur Rache gekommen ist. Man kann in dieser Zeit des Wartens alles Mögliche tun, es wird, ergibt sich endlich der Augenblick der Tat, ohne Bedeutung gewesen sein. In dem Film *Once Upon a Time in the West* von Sergio Leone, der in der deutschen Fassung den etwas reißerischen Titel *Spiel mir das Lied vom Tod* trägt, geht es um solch eine Rache, die Handlung des Italo-Western besteht in nichts anderem als in einem in epischer Breite zelebrierten Warten.

Allerdings: Die Rächer des antiken Mythos sind nicht in einem modernen Sinn Herren ihrer selbst. Die Götter spielen kräftig mit, schlagen sich einmal auf die eine, dann auf die andere Seite, sie sorgen auch dafür, dass der Fluch nicht vorschnell seine Kraft verliert. Goethe lässt deshalb Iphigenie – auch sie eine Tochter des Agamemnon und dem Schicksal der Atriden unterworfen – jenes ungeheure Lied der Parzen erinnern, das, eingedenk der Greueltaten ihres Geschlechts, auf den ersten Blick merkwürdig anmuten muss: »Es fürchte die Götter / Das Menschengeschlecht, / Sie halten die Herrschaft / In ewigen Händen / Und können sie brauchen, / Wie's ihnen gefällt.« Der Mensch als Spielball der Götter, der vergebens auf ein gerechtes Gericht wartet. Verlieren die ungeheuerlichen Taten der Atriden deshalb etwas von ihrer Brisanz, sind die Mörder, Schänder und Kannibalen freizusprechen, weil sie der Willkür der Götter – wir würden sagen: ihren Trieben – ausgeliefert waren?

Das antike Denken kannte keine Konzeption des freien Willens, der Einzelne war seinen thymotischen Leidenschaften wie dem Zorn und der Rache ebenso unterworfen wie dem Schicksal und dem Spiel der Götter, aber trotzdem waren die Taten seine Taten und wurden ihm vorgerechnet. Ob jemand für eine Handlung zur Verantwortung gezogen werden kann, auch wenn er dabei Einflüssen unterlag, die er nicht selbst kontrollieren konnte – diese Frage, die zahlreiche aktuelle Diskurse um Autonomie, Willensfreiheit und Rechtsprechung durchzieht, hätte die Antike selbstredend mit einem klaren Ja beantwortet.

Mit den Morden an Aigisthos und seiner Mutter Klytaimnestra hat Orestes wohl den Tod seines Vaters Agamemnon gerächt, wird aber selbst von den Göttinnen der Rache gehetzt, da es nun niemanden mehr gibt, der den Muttermord an ihm rächen könnte. Der Reigen von Gewalt und Gegengewalt hat sich noch immer nicht erschöpft. Orestes fühlt sich im Recht, er musste den Mord an seinem Vater rächen, die Erinnyen sehen in ihm aber nur den Frevler, den Muttermörder. Das Schicksal, das nun Orestes zugedacht ist, transformiert die Geschichte der Rache in eine des Rechts. Nicht mehr das individuelle Geschick, nicht mehr der Rachedurst der Familienmitglieder bestimmt von nun an das Geschehen, sondern ein Gerichtshof. Für die Entwicklung eines modernen Rechtsbewusstseins ist diese Wendung im Mythos nicht hoch genug einzuschätzen. Recht: das bedeutet, dass Kläger und Angeklagte ihre Sache vor einer unabhängigen Instanz, den Bürgern von Athen, vertreten können. Die Bürgerschaft, die Polis, die staatliche Gemeinschaft ist es, die die individuellen Rachefeldzüge nun beendet und deren Motive in sich aufnimmt und objektiviert. Aus Rache wird Recht.

Gleichzeitig zeigt diese paradigmatische Gerichtsverhandlung jene Widersprüche, die bis heute jedem Rechtssystem innewohnen. Was bedeutet es, über Rechtsfragen abstimmen zu müssen? Was bedeutet es, wenn die Schöffen ihre eigene Lage und Situation zur Grundlage dieser Abstimmung machen? Die Männer stimmen für die Sache des Mannes, die Frauen verteidigen die Unantastbarkeit der Mutter. Abgesehen von der interessanten Tatsache, dass im Mythos noch Männer und Frauen gleichermaßen stimmberechtigt waren, zeigt dieses Abstimmungsverhalten, dass es kein Recht gibt, das nicht auch Ausdruck von Interessen ist. Die Stimme der Göttin Pallas Athene, die nun die Entscheidung herbeiführen muss, zeigt allerdings, dass dort, wo beide Parteien berechtigt ihre Interessen vertreten, letztlich eine politische Präferenz den Ausschlag gibt. Väter haben den Vorrang gegenüber den Müttern – damit hat die Göttin einerseits das Patriarchat legitimiert, andererseits aber dem Recht eine Grundlage gegeben. Natürlich: Das ist ungerecht. Aber eine Ungerechtigkeit, die zu einem Recht wird, ist immer besser als ein Unrecht, das nur weiteres, gewalttätiges Unrecht hervorbringt. Ein anderes Recht als dieses ungerechte Recht aber war – und dies lehrt nicht nur der Mythos, sondern auch die Geschichte – bislang nicht zu finden. Die Rache jedoch, wie sublimiert auch immer, wird in jeder Rechtsordnung aufgehoben bleiben.

LUST

Der heilige Ägidius

Grieche war er, aus Athen stammte er und aus vornehmem Haus, verzärtelt worden war er in seiner Kindheit, hatte schon geweint, wenn ihn ein Gräslein streifte, hatte schon gehustet, wenn ihn ein Häuchlein traf, wachte auf, wenn eine Eule am Horizont vorüberflog, ganz zu schweigen, wenn sie rief. Die Mutter saß Nacht für Nacht an seinem Bett, und nicht nur einmal hielt sie einen Spiegel über sein Mündchen, um nachzuprüfen, ob er noch atmete.

So wuchs er heran. Jedes Leid wurde von ihm ferngehalten, nicht laut sprechen durfte man in seiner Gegenwart, und sein Badewasser musste eine bestimmte Temperatur haben, nicht zu heiß, nicht zu kalt. Die Speisen, die ihm vorgesetzt wurden, waren mild und weich, und die Geschichten, die ihm seine Amme erzählte, durften nicht lang und nicht grausam sein.

Dann wuchs ihm ein zarter Bart, und eines Nachts hatte er einen Traum. Er träumte, er schreite an der Hand des heiligen Petrus in die Hölle hinab, und Petrus erklärte ihm die Strafen. Rechts und links des Weges wurde gemartert und gequält, wurde gesühnt und vergolten. Da wurden Mägen mit flüssigem Blei aufgefüllt, da wurden Rücken mit glühenden Nadeln gespickt, höllische Fledermäuse saugten Augen aus, die immer wieder nachwuchsen, Stinkkäfer gruben sich in Arme und Beine und marschierten unter der Haut in alle Richtungen; Köpfe waren auf den Rücken gedreht, Helden brannten in Flammenhörnern und so weiter und so weiter; die im Leben unbarmherzig waren, steckten bis zu den Nasenlöchern im Eis; die im Leben lieblos waren, wurden von klebrigen Schlangen umwickelt; die im Sterben sich nicht versöhnen wollten, denen wuchsen Pilze aus den Ohren und der Nase und dem Mund; und so weiter und so weiter und so weiter.

Und wie sie so gingen, der heilige Petrus und der noch nicht heilige Ägidius - wie sie im Traum des Ägidius gingen -, schaute dieser zu Boden, ihm kam der Weg so weich, so schwammig vor, und er fragte: »Worauf gehen wir? Woraus besteht der Weg? Womit ist er gepflastert?«

Und bekam von Petrus die Antwort: »Wir gehen auf den Leibern der Weichlinge. Aus den Leibern der Weichlinge besteht unser Weg. Mit den Leibern der Weichlinge ist er gepflastert.«

Da wachte Ägidius auf, und von nun an wollte er kein Weichling mehr sein. Er zog von zu Hause fort, kleidete sich nur mit einem Sack, in den er drei Löcher gerissen hatte – nicht geschnitten, schneiden wäre zu leicht gewesen. Die Hand der Mutter, die ihn zum Abschied wenigstens noch einmal streicheln wollte, wies er zurück; und als sie sich vor ihm auf den Boden warf und weinte und die Brust entblößte, stieg er über sie drüber und ging und blickte nicht mehr zurück. Und weil ihm selbst die Tränen aufstiegen, Tränen des Mitleids und der Liebe, schlug er sich auf die Wange. Er ging nach Norden, mied den Schatten, wenn es heiß war, mied das schützende Laub der Bäume, wenn es regnete. Seine zarten Füße, die bisher in Schuhen gesteckt hatten, die innen mit weichem Hasenfell ausgelegt waren, bluteten schon nach einem halben Tag. Aber anstatt sie zu schonen und im weichen, kühlen Gras zu gehen, suchte er Scherben und Schotter.

In der Nacht verbot er sich zu schlafen. Fielen ihm die Augen zu, schlug er den Kopf gegen den felsigen Boden. Er betete zu Gott, er möge ihm Unheil senden, wie er dem Hiob Unheil gesendet hatte, er möge ihn nicht schonen, wie er Hiob nicht geschont hatte. Er stellte sich auf einen Hügel, mitten hinein in die Vogelschwärme, die scharfen Schnäbel ritzten sein Gesicht, bis es blutete, als ob er gegeißelt worden wäre. Mit barem Haupt lief er voran durch Dornengestrüpp, bis die Haut an Stirn und Schläfen durchbohrt war wie von einer Dornenkrone.

Wenn er Menschen traf, bat er sie um schlechtes Brot. Wenn sie ihm gutes gaben, verfluchte er sie und wischte sich damit den Hintern. Und wenn er dafür Schläge bekam, lachte er, wie ein anderer gelacht hätte, wäre er geliebt und gelobt worden.

Nach langer Wanderschaft ließ er sich in Frankreich nieder. Er kroch in einen hohlen Baum und lebte als Einsiedler. Er ernährte sich von der Erde, die ihm die Würmer übrigließen, und trank das Wasser, das in Baumstümpfen faulte. Er wurde der Freund der wilden Tiere, aber auch der Freund der Wanzen und Flöhe, der Läuse und der Maden im Darm. Zum Schnee sagte er: »Komm, ich wärme dich!« und legte den Mantel ab. Den Fischen im Bach gab er Schatten, wenn im Sommer die Sonne herabbrannte.

Eine Hirschkuh, deren Kalb von einem Wolf gerissen worden war, schloss sich Ägidius an. Er sah die Trauer in ihren Augen, aber Tränen sah er nicht.

»Du bist wie ich«, sagte er. »Du bist traurig, aber Tränen zeigst du nicht.«

Er meinte zu hören, wie ihm die Hirschkuh antwortete: »Wir sind alle Tiere«, sagte sie, und weil ihre Euter prall von Milch waren und schmerzten, bat sie ihn, davon zu trinken. »Du hast bei deiner Mutter getrunken, also trinke bei mir«, sagte sie. »Wir sind alle Tiere.«

Tatsächlich hatte der strenge Mann seit vielen Jahren keine Milch mehr getrunken, als verzärteltes Kind hatte er Milch geliebt, sie war ihm als mild und warm und weich in Erinnerung, und die Versuchung war groß, und er meinte, er müsse widerstehen, denn die Versuchung kommt vom Teufel, das hatte er bei seinem Höllenspaziergang an der Hand des heiligen Petrus gelernt. Zugleich aber spürte er, dass es bald mit ihm zu Ende gehen würde, wenn er nicht endlich etwas anderes äße als Erde und etwas andere tränke als faules Wasser.

»Gott«, rief er, »Gott, ich werde von der Milch dieser Hirschkuh trinken. Vergib mir! Ich tue es nur, damit ich länger lebe und du mich länger quälen kannst auf Erden.«

Er trank, und die Milch schmeckte ihm gut, und er wurde gesund und kräftig, und die Hirschkuh behielt die Milch in ihren Eutern, sie wurde seine Amme, und er wurde ihr Beschützer, und so lebten die beiden zusammen, und es war nicht sicher, wer von ihnen mehr einem Tier glich, das Tier oder der Mensch.

Eines Tages jagte Wamba, der König der Westgoten, in dem Wald, in dem Ägidius hauste. Der König sah die Hirschkuh, und er staunte, was für ein stattliches Tier sie war, und er hetzte sie und wollte sie mit seinem Pfeil erlegen. Mit letzter Kraft flüchtete sie sich zum Baum des Ägidius und rief nach ihm, und Ägidius sprang aus dem hohlen Stamm und stellte sich dem König entgegen, breitete seine Arme schützend vor das Tier und rief:

»Wir alle sind Tiere! Wenn du ein Tier erlegen willst, dann erlege mich!«

König Wamba war ein frommer König, und nie hätte er auf einen frommen Einsiedler angelegt. Er war, hatte ihm sein Priester gesagt, der erste König seit König David, der gesalbt worden war, und er wollte ein gutes und gerechtes Leben führen. Aber er meinte, dieses Tier, das aus dem Baum gesprungen war, könne nichts anderes sein als ein Tier, auch wenn es die menschliche Sprache beherrschte. Ein ähnliches Tier hatte er zwar nie gesehen, aber etwas anderes als ein Tier konnte es nicht sein, und schließlich hatte es ja selbst gesagt, es sei ein Tier. Also legte er an und schoss. Und traf Ägidius in die Brust unterhalb des Schlüsselbeins.

Die Hirschkuh floh und kehrte nie wieder zurück.

Da lag er nun, und der König betrachtete ihn und befahl einem aus seiner Begleitung, er solle dem Tier da das Fell vom Gesicht schneiden. Und als das geschehen war, als das Gesicht des Ägidius geschoren war, sah Wamba, dass er auf einen Menschen geschossen hatte, und zwar auf einen frommen Menschen, denn nur ein frommer Mensch lebt als Einsiedler in einem hohlen Baum. Auch das hatte ihn sein Priester gelehrt.

Der König kniete sich vor den Einsiedler und bat ihn um Verzeihung und versprach ihm, er werde ihn in seinem Palast gesundpflegen, die schönsten Gemächer wolle er ihm geben, die besten Speisen zubereiten lassen, im weichsten Bett werde er schlafen.

Aber Ägidius schob die Hand des Königs weg. »Ich werde dir verzeihen«, sagte er zu dem König, »aber nur, wenn du mich hier liegen lässt wie einen räudigen Köter, nur, wenn du Salz in meine Wunde streust, nur, wenn du nichts unternimmst, um meinen Schmerz zu lindern.«

König Wamba gehorchte und ritt zurück und verkündete überall, er sei im Wald einem Heiligen begegnet, der von Gott auserkoren sei, die Schmerzen des Landes auf sich zu nehmen, nicht die Schmerzen der ganzen Welt, das habe ja Gottes Sohn bereits getan, aber die Schmerzen Frankreichs. Daraufhin marschierte er mit seinem Heer gegen die Basken und schlug sie vernichtend und zwang sie, hundert Söhne der vornehmsten Familien als Geiseln zu stellen, und wies alle Verherrlichung seiner Person zurück, er habe den Sieg errungen, sagte er, aber nur mithilfe des Heiligen aus dem Wald. Des Weiteren führte er Krieg gegen den rebellischen Adel von Septimanien, und nach dem Sieg ließ er zehn heilige Messen feiern, und in die Fürbitten nahm er den Heiligen aus dem Wald auf.

Jeden Tag, am Morgen, zu Mittag und am Abend, betete Ägidius von nun an zu Gott, er möge die Wunde in seiner Brust unterhalb des Schlüsselbeins nicht heilen lassen, er möge sie schwären lassen, er möge jeden Tag die Schmerzen verdoppeln und er möge ihm ein langes Leben geben, damit die Schmerzen lange dauern. Und Gott erhörte seine Bitten.

Und schließlich erhörte auch Ägidius die Bitten von König Wamba und stimmte zu, dass neben seinem hohlen Baum ein Kloster errichtet wurde, das er schließlich als der erste Abt leitete. Und endlich nahm Gott diesen merkwürdigen Mann zu sich und flüsterte dem Papst zu, er möge ihn heiligsprechen, sonst habe das Ganze ja keinen Wert gehabt.

Nichts ist so verführerisch wie der Körper, seine Bedürfnisse und das Bedürfnis nach ihm. Dem zu widerstehen ist fast unmöglich. Die Sprache des Fleisches ist eindeutig. In diesem sind wir tatsächlich schwach, seine Zuckungen und sein Begehren bestimmen uns. Vollständig ausgeliefert sind wir den zahlreichen Verlockungen des Leibes und seinen höchst unterschiedlichen Versprechungen aber nicht. Oder doch?

»Und alle Lust will Ewigkeit, will tiefe, tiefe Ewigkeit!« Die Verse, mit denen Friedrich Nietzsches Zarathustra seinen mitternächtlichen Hymnus auf das Leben schloss, scheinen wie kaum ein anderer Gedanke das Geheimnis aller Lust zu offenbaren: Sie soll nie enden. In diesem Lied, das Gustav Mahler in seiner Dritten Symphonie so eindringlich vertonte, kontrastiert Nietzsche die Lust scharf mit dem Schmerz: »Weh spricht: Vergeh!« Allem Schmerz, allem Leid, aller Qual, allem Weh ist eines wesentlich: dass es aufhören soll. Nur Lust will Dauer. Und dies lässt sich auch umkehren: Was Dauer will, Wiederholung, Wiederkehr, muss Lust sein. Und alles, was vergehen soll, ist Schmerz, was denn sonst. Was aber bedeutet es, wenn man will, dass der Schmerz bleibt und die Lust vergeht? Ist solches überhaupt denkbar?

Die mittelalterliche Legende des heiligen Ägidius erzählt von diesem Verhältnis von Lust und Schmerz. Viele Motive fließen in diese ebenso schlichte wie hintergründige Erzählung ein. Sie nur als Ausdruck der Lust- und Körperfeindlichkeit einer durch die christliche Moral erotisch strangulierten Epoche zu deuten wäre vielleicht doch zu einfach. Ägidius' Leben beginnt wie das eines modernen, wohlbehüteten Kindes. Das wird umsorgt, in sicheren Räumen unter steter Beobachtung untergebracht, gegen alle möglichen Unannehmlichkeiten und Gefahren geschützt. Ohne Schutzhelm, Airbag und Rückenschoner darf sich angeblich ja kein Kind mehr auf eine Schaukel setzten, und nicht zuletzt aus hygienischen Gründen wird die Playstation der Sandkiste vorgezogen. Dass dem kleinen Ägidius nicht nur alles mundgerecht zubereitet wird, sondern seine Amme ihm auch nur Geschichten erzählen darf, die nicht zu lang und nicht zu grausam sind, erinnert frappant und fatal an die Forderungen amerikanischer Studenten, für sie sichere Umgebungen zu errichten, in denen nicht nur kein böses Wort mehr fallen darf, sondern auch Autoren wie Homer oder Shakespeare nicht mehr gelesen werden sollten, um ja nicht mit Gewaltszenen konfrontiert zu werden.

Aus diesem Terror der Sanftheit erwacht Ägidius durch einen Traum, der ihn in die Hölle führt, eine Antizipation von Dantes Inferno. Der Anblick der wegen aller möglichen Laster gefolterten und gequälten Sünder erschreckt und rührt ihn nicht so sehr wie der schwankende und tiefe Boden, über den er sich bewegt, denn dieser besteht aus seinesgleichen: aus Weichlingen. Die allzu Behüteten, diejenigen, die sich durch nichts in ihrer Selbstgefälligkeit und Selbstsicherheit erschüttern lassen, werden in der Hölle landen. Genau dort will Ägidius allerdings nicht hin.

Natürlich: Sein Bekehrungserlebnis fügt sich in die Kette der Bekehrungen, die seit der Wandlung von Saulus in Paulus die christliche Mythologie durchzieht. Auch in säkularisierter Form haben solche Konversionen ihre Faszinationskraft bewahrt. Zahlreiche Intellektuelle des 20. Jahrhunderts haben etwa ihre Hinwendung zum Marxismus zu einem Bekehrungserlebnis stilisiert. Allerdings: Während die meisten Bekehrungserlebnisse einen Wandel von einem sündhaften, lustbetonten, lasterhaften Lebenswandel zu einem gottgefälligen Dasein indizierten - man denke etwa an Augustinus -, entwirft Ägidius das Modell eines asketischen Lebens, ohne zuvor die Lust oder die Ekstase, die Ausschweifung oder den Exzess gekannt zu haben. Gerade weil jeder intensivere Reiz von seinem Körper ferngehalten worden war, wird ihm dieser Körper nun zum Instrument, auf dem der Schmerz sein grausames Spiel treiben kann.

In Ägidius' Körperverachtung zeigt sich eine eigentümliche Ambivalenz. In dem Versuch, sich selbst gegenüber Härte zu zeigen, drückt sich nicht nur ein tiefer Hass auf den Körper, seine Begierden und seine Empfindlichkeit aus, in der bewusst immer wieder aufs Neue provozierten Qual wird der geschundene Leib überhaupt zum Dreh- und Angelpunkt des Daseins. Der Körper wird nicht vergessen oder ignoriert, auch nicht wirklich missachtet, denn er steht im Zentrum des Interesses, soll er doch permanent zu einer Schmerzerfahrung getrieben werden. Ägidius ist, wie sonst nur noch der Lüstling, geradezu fixiert auf jede Regung seines Leibes. Ägidius verhält sich dem Schmerz gegenüber so, als handelte es sich um eine Lust. Eine verkehrte Welt?

Nun, so verkehrt, wie der christliche Hintergrund nahelegt, ist diese Welt vielleicht doch nicht. Denn die Leidensgeschichte des Ägidius trägt ungewollt aktuelle Züge. Zuallererst beschließt er, als Frutarier zu leben, ernährt sich nur von dem, was die Natur als Abfall hinterlässt, entwickelt ein empathisches Verhältnis zu den Tieren, das jedem zeitgenössischen Tierrechtsaktivisten und Antispeziesisten alle Ehre machte, hebt für sich den Unterschied zwischen Mensch und Tier schließlich auf. Ägidius demonstriert so auch, was es tatsächlich hieße, die Differenz zwischen Mensch und Tier einzuziehen und all jene zivilisatorischen Technologien und Praktiken zu verabschieden, die den Menschen zu einem der Natur gegenüber exzentrischen Wesen werden ließen. Indem Ägidius seinen Leib einer ununterbrochenen Kette von Qualen aussetzt, vollzieht er auch die Sehnsuchtsbewegung der Rückkehr zu einer Natur, die der Mensch längst verloren hat. Diese Rückkehr zur Natur, vollzogen durch die symbiotische Beziehung zu einer Hirschkuh, deren Milch Ägidius am Leben erhält, damit er länger leiden kann, wird dann auch durch einen zivilisierten Menschen brüsk zerstört.

Das Eigentümliche an der Legende des heiligen Ägidius liegt sicher darin, dass er kein Märtyrer des Glaubens ist. Er zeugt nicht mit seinem Blut für seinen Gott. Wenn, dann kämpft er gegen innere Anfechtungen, gegen die Verlockung eines schmerzfreien Lebens. Doch hier ist er gewappnet, sein Wille zum Leiden ist stets ungebrochen. Was ihm von außen zustößt, ist nicht das Böse. Wamba, der König der Westgoten, ist selbst schon Christ, auch er möchte ein gottgefälliges Leben führen, und dass er gerne, seinem Stande gemäß, auf die Jagd geht, widerspricht diesem Ansinnen nicht. Dass Ägidius sich diesem Jäger entgegenwirft, seine Hirschkuh rettet und dafür selbst angeschossen wird, weil der König ihn für ein Tier hält, bestätigt ein letztes Mal diese Einheit von Mensch und Natur. Danach ist Ägidius wieder mit sich allein.

Allen verlockenden Angeboten Wambas zum Trotz bleibt Ägidius seinen Schmerzen treu. Dass er mit diesen das Leid eines Landes auf sich nimmt und dem König damit die Siege über dessen Feinde ermöglicht, muss angesichts dieser Metaphysik des Schmerzes als Kollateralgewinn verbucht werden. Im Leiden bestätigte Ägidius aber nicht nur seinen Glauben, sondern in diesem – so unsere These – fand er auch seine Lust. Wie diese ist der Schmerz wohl eine körperliche Erfahrung höchster Intensität, die aber selbst nicht zu einer unmittelbaren Quelle von Lust werden kann: Schmerz bleibt Schmerz, und wir wollen, dass er aufhört. Die Lust entsteht durch die Erfahrung, dass man diesem Schrei des Körpers nach Beendigung des Schmerzes widerstehen und sich dieser peinigenden Empfindung bewusst aussetzen kann. Ägidius vollzieht *in extremis* das, was *in nuce* jeder sogenannte Extremsportler gerne zum Besten gibt: dass es Spaß machen kann, sich zu quälen; dass es Lust bereitet, die Grenzen der Belastbarkeit auszuloten; dass der Triumph des Willens über die unüberhörbaren Signale des Körpers eine ungeahnte Befriedigung sein kann, die genauso nach einer Wiederholung schreit wie jede andere Form körperlicher Lust auch. Nicht der Schmerz bereitet hier Lust, sehr wohl aber die Anstrengung, die ihn aushält.

Ja, wir müssen uns die Frage stellen: War Ägidius ein Hedonist? Wenn Lust das ist, was nicht aufhören soll, und wenn der Hedonist all sein Denken und Handeln dieser Maxime unterwirft, müssen wir uns den Heiligen in der Tat als Hedonisten vorstellen. Wobei wir ihm weniger masochistische Züge unterstellen sollten, die ihn den Schmerz als Lust empfinden lassen, sondern eher eine asketische Haltung, die im Aushalten der Versagung, im Widerstand gegen die sinnlichen Erfahrungen, in der Reduktion des Körpers auf seine Leidensfähigkeit die eigentliche Lust gewinnt.

Dieser invertierte Hedonismus provoziert aber noch auf einer anderen Ebene die Frage nach dem Verhältnis von Lust und Schmerz. Die Lust, so notierte es sich Friedrich Nietzsche einmal, ist ursprünglicher als der Schmerz. Damit stand Nietzsche übrigens quer zu älteren Konzepten, wie sie etwa von Edmund Burke vertreten wurden, nach denen die Schmerzerfahrung, die sich am Selbsterhaltungstrieb des Menschen orientiert, immer stärker sein wird als die Lust, die aus einem Bedürfnis nach einer wie auch immer gearteten sozialen oder sexuellen Gemeinschaft entspringt. Doch Nietzsche denkt weiter: Die Lust, die ein Körper zu bereiten vermag, ist auch Ursprung und Modell jener Lust, die den Menschen dazu treibt, sich Imaginationen, Fiktionen, Träumen und Illusionen hinzugeben. Der Wille zum Schein, zur Kunst, zur Täuschung und Selbsttäuschung ist deshalb stärker als der Wille zur Wahrheit, der sich der Einsicht in die Hinfälligkeit und Empfindlichkeit des Leibes stellen müsste. Ägidius will diese Wahrheit, die sich nur im Schmerz zeigt. Er will diese Wahrheit aber nicht als Schmerz, sondern wie eine Lust empfinden. Damit aber wird der Schmerz selbst zu einer lebensdienlichen Illusion. Es ist die Schmerzerwartung, die den Einsiedler am Leben erhält: Nur Leben kann leiden.

Die Legende vom heiligen Ägidius könnte so auch als Parabel auf ein Selbstverhältnis gelesen werden, das das tiefe Weh der Welt, von dem Nietzsche im Lied des Zarathustra sprach, ausblenden will durch die egomanische Konzentration auf die Verletzbarkeit des eigenen Leibes. Ägidius' Härte hat genau in dieser manischen Fixierung dann doch auch etwas Weichliches an sich, so, als fühlte er sich zu schwach für die Wonnen der Lust, denen er sich erst gar nicht aussetzen und die er durch die Schmerzen des Leides ersetzen will. Damit rührt Ägidius aber an das Geheimnis jeder Askese: Es ist eine Schwäche, die sich als Stärke tarnt. Warum dieser Grieche wirklich heiliggesprochen wurde, weiß nur jener Gott, der dies einem Papst ins Ohr geflüstert haben soll.

GEHEIMNIS

Der Mond

Ein Vater hatte sieben Söhne. Und eines Tages rief er die sieben zu sich. Und er sagte zu ihnen: »Ich bin krank und werde bald sterben. Ich habe mich nicht viel um euch gekümmert. Ihr habt mich weder interessiert, noch habe ich euch geliebt. Ich habe mich nur für meine Tiere interessiert.«

Zum ältesten Sohn sagte er: »Du, du sollst dich um die Pferde kümmern.«

Zum zweitältesten Sohn sagte er: »Du, du sollst dich um die Rinder kümmern.«

Der dritte sollte Sorge für die Schweine tragen, der vierte für die Ziegen, der fünfte für die Schafe, der sechste für Hund und Katze.

Zum jüngsten Sohn, dem siebenten, aber sagte er: »Du bist mir verantwortlich für das Ungeziefer und für das Geld.«

Und dann starb der Vater.

Der Vater hatte sich nicht um seine Söhne gekümmert, und um seine Frau hatte er sich auch nicht gekümmert. Er wusste nicht, dass sie schwanger war. Er starb, ohne das Kind gesehen zu haben.

Die Frau aber brachte ihr achtes Kind zur Welt, und es war ein Mädchen. Als sie niederkam, waren die Söhne auf dem Feld bei der Arbeit. Die Mutter sah, dass ihr Mädchen sehr hübsch war. Aber es störte sie etwas: Das Kind presste die Händchen vor den Mund. Sie riss ihm die Hände vom Gesicht und sah, dass das Kind Hauer hatte, ein Gebiss wie ein Wolf. Und da sagte sich die Mutter: Das soll niemand auf der Welt jemals sehen. Sie schob die Wiege mit dem Kind in eine leere Kammer und sperrte die Kammer ab.

Am Abend sagte sie zu ihren Söhnen: »Diese Kammer hier dürft ihr niemals betreten!«

So vergingen die Jahre. Das Mädchen war fünfzehn Jahre alt geworden und lebte noch immer in der Kammer.

Eines Nachts wachte der jüngste Sohn auf, er hörte ein Hauchen. Er verließ sein Bett, um nachzusehen, und er sah, dass über dem Pferdestall eine Wolke schwebte. Ich bin nicht für die Pferde verantwortlich, dachte er bei sich und legte sich wieder hin.

Am Tag fanden sie ein totes Pferd im Stall.

In der nächsten Nacht wachte der Jüngste wieder auf, und wieder hörte er ein Hauchen, und er sah, dass die Wolke diesmal über dem Rinderstall schwebte. Ich bin nicht verantwortlich für die Rinder, sondern für das Ungeziefer und das Geld, dachte er und schlief weiter.

Man fand ein totes Rind.

Und dann kamen ein Schwein dran und dann eine Ziege und dann ein Schaf. Nach der sechsten Nacht fand man den Hund und die Katze, und beiden war das Fell abgezogen. Und immer hatte der jüngste Sohn ein Hauchen gehört, und immer hatte er sich gesagt: Ich bin nicht verantwortlich.

Aber in der siebten Nacht, als er wieder das Hauchen hörte, kam es von unten aus der Stube. Und da sah der Jüngste die Wolke über der Schatulle mit dem Geld schweben. Nun sagte er sich: Dafür bin ich verantwortlich!

Er nahm sein Messer und stach in die Wolke. Blutstropfen fielen aus der Wolke. Er folgte den Blutstropfen. Sie führten ihn zu der Kammer, die abgesperrt war.

Am nächsten Tag stellte der Jüngste die Mutter zur Rede: »Was ist hinter dieser Tür? Wenn du mir nicht antwortest, werden meine Brüder und ich die Tür aufbrechen!«

Da sagte die Mutter: »Geht hinaus aufs Feld wie jeden Tag. Um Mittag komme ich, und ich werde nicht allein kommen.«

Am Mittag kam die Mutter mit ihrer Tochter aufs Feld. Und das Mädchen hielt die Hand vor den Mund. Die Brüder sahen ihre Schwester an und verliebten sich in sie.

Der Jüngste aber sagte: »Warum hältst du deine Hand vor den Mund?«

»Lass sie doch!«, sagten die anderen. »Das sieht doch herzallerliebst aus. Lass sie!«

Und die Mutter sagte: »Jetzt habt ihr eure Schwester gesehen. Jetzt will ich wieder nach Hause gehen mit ihr.«

»Aber nein!«, riefen die Brüder. »Sie kann auf das Pferd aufpassen, das in der Senke steht.«

So geschah es.

Aber der Jüngste gab Obacht. Und dann hörte er wieder das Hauchen. Er stieg hinunter in die Senke und sah die Wolke. Er hob einen Stein auf und warf ihn in die Wolke. Und die Wolke regnete Blut. Und als alles Blut aus der Wolke geregnet war, sah der Jüngste seine Schwester. Sie saß in der Senke, neben ihr lag das tote Pferd.

Da drehte er sich um und lief davon, lief in die Welt hinaus und wollte nie wieder umkehren.

Bald kam der Jüngste in einen Wald, dort sah er einen Turm. Der Turm hatte keine Tür, hatte nur ein Fenster, und aus dem Fenster schaute eine junge Frau, die winkte ihm zu und rief, und sie hatte eine schöne Stimme.

»Komm zu mir!«, rief sie.

»Wie soll ich das?«, rief der Jüngste. »Der Turm hat ja keine Tür.«

»Du musst mir deine Hand geben«, sagte die Frau, »dann zieh ich dich empor.«

Der Jüngste reichte ihr die Hand, und sie zog ihn zu sich.

»Warum wohnst du in einem Haus ohne Tür?«, fragte der Jüngste.

»Das darf ich dir nicht sagen. Bleib bei mir!«, sagte die Frau.

Und das tat er.

Er lebte mit der Frau, und jeden Tag versprach er: »Morgen! Morgen werde ich eine Tür in den Turm schlagen! Morgen gewiss!«

Aber immer kam ihm etwas dazwischen. So ging es viele Jahre.

Sie fragte: »Willst du mich heiraten?«

Er sagte: »Ja. Ja ... wenn ich die Tür in den Turm geschlagen habe ... dann.«

Sie sagte: »Mach das bald!«

Er sagte: »Zuerst will ich noch einmal meine Familie sehen. Dann heiraten wir gewiss. Ich muss«, sagte er.

Die Frau gab ihm einen Kamm und einen Schleifstein und ein Stück Kohle. »Wenn du in Gefahr bist«, sagte sie, »dann wirf diese Dinge hinter dich.«

So ließ sie ihn ziehen.

Nach einer langen Wanderung kam der Jüngste in sein Dorf. Und schon von weitem sah er: Alles war tot. Auf den Straßen lagen die Tiere und die Menschen.

Er rief nach seiner Mutter und rief nach den Brüdern und suchte das Haus. Er fand das Haus, aber die Mutter war nicht da, und die Brüder waren nicht da. Da setzte er sich auf die Veranda vor dem Haus.

Und da hörte er hinter sich das Hauchen. Er drehte sich um. Seine Schwester stand in der Tür. Sie hielt ihre Hand vor den Mund. Sie war noch schöner geworden. Und da verliebte sich nun auch der Jüngste in sie. Und er sah, dass sie sich freute. Und er sagte zu sich: Jetzt weiß ich, warum ich die Frau in dem Turm nicht geheiratet habe. Aber er fürchtete sich auch vor seiner Schwester. Denn er erinnerte sich daran, wie sie neben dem toten Pferd gesessen hatte, unten in der Senke.

Die Schwester sagte: »Komm, Jüngster! Ich koche für dich. Du wirst Hunger haben.« Sie nahm die Geige von der Wand und sagte: »Spiel! Dann kann ich dich hören, während ich in der Küche bin!«

Und der Jüngste spielte, und die Schwester war in der Küche.

Während er spielte, sprang ein Winziges auf sein Knie. Und es kroch weiter bis hinauf zu seiner Schulter. Und das Winzige flüsterte in sein Ohr: »Spiel weiter! Unterbrich nicht! Deine Mutter bin ich. Vor Angst bin ich so klein geworden. Deine Schwester hat alles getötet.«

Der Jüngste spielte und hörte nicht auf damit und sagte: »Das glaube ich nicht. Ich liebe meine Schwester. Und ich habe in ihren Augen gesehen, dass sie mich auch liebt. Ich glaube nicht, was du mir erzählst!«

Das Winzige sagte: »Es ist wahr, in alle hat sie sich verliebt. Aber ihre Liebe bedeutet, dass sie tötet, und sie wird auch dich töten, wenn du nicht fliehst!«

»Aber wie soll ich fliehen?«, fragte der Jüngste.

Das Winzige sagte: »Ich werde auf der Geige herumhüpfen, und das wird wie Musik klingen, und deine Schwester in der Küche wird denken, du bist es, der spielt.«

Da lief der Jüngste wieder davon.

Und dann kam die Schwester aus der Küche und sah, dass sie überlistet worden war. Sie griff nach dem Winzigen und verschlang es. Aber das Winzige schlüpfte durch die schrecklichen, großen, weißen Zähne und rutschte durch den Hals hinunter, schwamm durch den Magen, grub sich durch den Darm und floh hinten hinaus. Aber die Schwester ergriff es wieder und verschlang es, und wieder schlüpfte das winzige Tier durch sie hindurch. Und das ging so drei Mal. Am Ende packte die Schwester das winzige Ding und warf es zu Boden und zertrat es.

Und nun nahm die Schwester die Verfolgung auf. Sie lief ihrem Bruder nach, dem jüngsten. Er spürte, dass sie hinter ihm war. Aber er dachte: Nein, ich drehe mich nicht um, denn wenn ich sie sehe, kann ich nicht anders, dann muss ich mich in sie verlieben, und dann bin ich verloren.

Da fiel ihm der Kamm ein, den ihm die Frau im Turm gegeben hatte. Und er warf ihn hinter sich. Der Kamm verwandelte sich in einen See, der nun zwischen ihm und der Schwester war. Aber die Schwester trank den See aus und nahm die Verfolgung wieder auf.

Da fiel ihm das Stück Kohle ein, das ihm die Frau im Turm gegeben hatte. Er warf es hinter sich, und die Kohle verwandelte sich in einen Brand. Die Schwester aber saugte den Brand in ihre Lungen und löschte ihn so und nahm die Verfolgung wieder auf.

Da fiel ihm der Wetzstein ein, den ihm die Frau im Turm gegeben hatte, und er warf ihn hinter sich, und aus dem Wetzstein wurde ein Berg, und die Schwester bohrte sich durch den Berg und nahm die Verfolgung wieder auf.

Da waren sie auch schon in dem Wald angekommen, in dem der Turm stand. Der Jüngste lief auf den Turm zu, und aus dem Fenster schaute die Frau.

Sie rief: »Komm, gib mir deine Hand! Ich kann dich retten! Wärst du doch nur bei mir geblieben! Hättest du mich doch nur geheiratet! Hättest du doch nur die Tür in den Turm gebrochen!«

Sie nahm seine Hand und zog. Aber da war auch schon die Schwester, und sie ergriff den Fuß des Jüngsten und zog. Und die Frau zog den Jüngsten zu sich hinauf, und die Schwester zog ihn zu sich hinunter. Und so war der Jüngste gespannt zwischen die Frau oben und seine Schwester unten.

Und dann wurde es Nacht, und in der Nacht kam der Mond, und der sah, dass der Jüngste gespannt war zwischen die Schwester und die Frau. Und er sagte: »Siehst du, so geht es mir auch. Einmal bin ich im Schwarzen, einmal bin ich im Weißen. Einmal im Hellen, einmal im Dunkeln. Du musst es aushalten! Halt es aus!«

Nichts ist so verführerisch wie das, was ein anderer vor uns verbergen will. Es genügt eine Andeutung, eine Geste, ein Hinweis, dass vor uns etwas zurückgehalten wird, dass sich hinter unserem Rücken etwas abspielt, dass wir über eine Sache im Unklaren gehalten werden sollen, um uns ganz diesem Dunkel zuzuwenden, das wir nun ergründen wollen. Manchmal wäre es aber besser, verschlossene Türen nicht zu öffnen.

Die moderne Welt kennt keine Geheimnisse. Genauer: Sie will keine Geheimnisse mehr kennen. Transparenz ist eines ihrer Schlagworte, die Durchsichtigkeit aller sozialen, politischen und persönlichen Verhältnisse ist eine ihrer Leitideen. Der Grundgedanke dahinter ist einfach: Wer keine bösen Absichten hat und auch nichts Böses tut, hat auch nichts zu verbergen. Dass nicht nur öffentliche Einrichtungen überwacht werden, sondern auch das Private zunehmend öffentlich geworden ist, gehört zu den Grundprinzipien einer Transparenzgesellschaft, die sich keine dunklen Flecken mehr leisten will. Nichts sollte mehr im Verborgenen geschehen, nichts hinter vorgehaltener Hand gesagt werden, nichts sollte sich in einem privaten Raum abspielen, auf den es für andere keinen Zugriff gibt. Wer diesem Imperativ zur Transparenz nicht folgt, macht sich verdächtig.

Das Roma-Märchen *Der Mond* scheint diesen Verdacht

zu bestätigen. Nur das Furchtbare muss sich verbergen, und wenn ein Geheimnis offenbar wird, entbirgt sich Entsetzliches. So einfach liegen die Dinge aber nicht. Jedes Geheimnis hat eine Vorgeschichte. Hier ist es die Gleichgültigkeit und Achtlosigkeit eines Vaters, die das Geheimnis grundiert. Weder seine Kinder noch seine Frau kümmerten diesen Mann, nur seine Tiere interessierten ihn, und diese gibt er in die Obhut seiner sieben Söhne. Dass noch ein Kind unterwegs war, eine Tochter, erfährt er vor seinem Tod nicht mehr. Diese Tochter aber ist die Trägerin eines tödlichen Geheimnisses, das in ihr schönes Gesicht eingeschrieben ist – allerdings verdeckt durch die davorgehaltene Hand. Diese kann überhaupt als die Geste des Geheimnisses gedeutet werden. Die vorgehaltene Hand als die einfachste Möglichkeit, eine Blöße oder einen Makel zu bedecken, den man für sich behalten möchte; aber auch als Metapher für das, was zwar gedacht oder gesagt werden könnte, aber der Öffentlichkeit entweder entzogen oder nicht zugemutet werden soll. Die vorgehaltene Hand ist deshalb die Spur des Geheimnisses, das Zeichen, das auf dieses gleichermaßen verweist und es verbirgt.

Die Mutter schiebt die Hand zur Seite, erkennt das Geheimnis und sperrt das Mädchen weg. Wer etwas zu verbergen hat, wird verborgen. Das Geheimnis ist für die Mutter kein Geheimnis, aber sie wird nun zur Hüterin des Geheimnisses, ihr weiteres Leben ist das einer vorgehaltenen Hand. Deren Symbol ist die verschlossene Tür, die verbotene Zone, hinter die alle anderen nicht blicken dürfen. Jedes Geheimnis muss behütet werden, jedes Geheimnis kennt einen Mitwisser, und jeder Versuch, das Geheimnis zu bewahren, verweist gleichzeitig auf dieses. Solange diese vorgehaltene Hand, solange das Verbot respektiert wird, bleibt das Geheimnis gewahrt und kann seine destruktive Kraft nicht entfalten. Jedes Geheimnis stellt so auch eine Versuchung dar: Es könnte gelüftet werden. Niemand, der auf eine Frage die Antwort bekommt: das ist mein Geheimnis, ist vor dieser Versuchung gefeit. Dass etwas geheim bleiben soll, initiiert überhaupt erst jene Dynamik, die es an die Öffentlichkeit zerren will. Was aber, wenn das Geheimnis tatsächlich aufgedeckt wird?

Im Geheimnis steckt etymologisch und gedanklich das Heim. Im Geheimnis schwingt die kleine, aber entscheidende Bedeutungsnuance mit, die das Heimelige vom Heimlichen trennt. Das Geheimnis als das Verborgene, das nur heimlich existieren darf, ist gleichzeitig das Innerste, das Unheimliche, dessen Schrecken in seiner Nähe besteht. Dass es nicht das Fremde, sondern das Eigene ist, das diesen Schrecken auslöst und deshalb in dunkle Zonen verbannt werden muss, entbirgt das Geheimnis des Geheimnisses. Sigmund Freud hat im Unheimlichen das einst Vertraute erkannt, das verdrängt werden musste. So auch in dem Märchen: Die Tochter mit dem todbringenden Wolfsgebiss ist zu Hause in einer Kammer versteckt, sie ist da und nicht da, gehört zur Familie und doch wieder nicht, so lange, bis sie selbst die Kammer verlässt und alle Tiere des Vaters tötet. Allerdings: Das Geheimnis bleibt bewahrt, denn nur der Jüngste der Brüder spürt einen Hauch, wenn sich die Tiermörderin aufmacht, aber es kümmert ihn nicht, denn er ist für diese Tiere nicht verantwortlich.

Das Märchen enthält am Rande so einen schönen Beitrag zur Verantwortungsethik. Verantwortung erweist sich als etwas Übertragenes, eine Aufgabe, die deshalb begrenzt ist. Niemand ist für alles verantwortlich. Der jüngste Bruder fühlt sich nicht für die Tiere verantwortlich, für die seine Brüder sorgen müssten. Man ist nicht, so könnte man dies lesen, für eine Sache oder eine Person, für einen Zustand oder ein Ereignis an sich verantwortlich, sondern nur für das, für das man sich verantwortlich fühlt. Die alltagssprachliche Wendung vom Verantwortungsgefühl hat dieses Moment erfasst. Der Jüngste, dies wird durch die Wirkmächtigkeit des Geheimnisses offenbar, ist frei von Empathie oder Mitleid gegenüber den Tieren, aber auch frei von Gefühlen der Solidarität gegenüber seinen Brüdern. Verantwortlich ist er nur für das Seinige. Erst als dieses angegriffen wird, wird er selbst aktiv. Man kann dies auch als eine kleine Fabel über die Grenzen der Verantwortung lesen – und über die verheerenden Folgen, die eintreten können, wenn man sich so lange für etwas – durchaus mit einem gewissen Recht – für nicht zuständig glaubt, bis es zu spät ist. Das Verhängnis rückt in einem nahezu wörtlichen Sinn in Gestalt der todbringenden Wolke näher. Jetzt wird der Junge aufmerksam, und jetzt ist es zu spät. Es bleibt nur die Flucht.

Diese Flucht führt den jüngsten Sohn in ein uraltes Motiv: das der eingemauerten Frau. Von Danae bis Rapunzel zieht sich dieses erotisch aufgeladene Sujet, das die Frau und damit wohl die Sexualität als etwas Verschlossenes deutet, das aufgebrochen werden muss – durchaus mit Zustimmung der Eingemauerten. Der vollzogene Akt, die Ehe, wäre eine Befreiung, die auszubrechende Türöffnung das Symbol für den entfesselten Eros. Doch der Junge zögert. Es zieht ihn dorthin zurück, von wo er geflohen ist. Und er verliebt sich in seine Schwester, deren grausames Geheimnis er wohl ahnt, aber nicht wissen will. »Und das Geheimnis der

Liebe ist größer als das Geheimnis des Todes« – das singt Salome in Richard Strauss' gleichnamiger Oper, nachdem sie dem Propheten Jochanaan, der ihrem Begehren widerstand, den Kopf abschlagen ließ. Und dieser Satz könnte auch über der Liebe des jüngsten Bruders zu seiner grausam-schönen Schwester stehen. Auch diese Liebe endet in einer Katastrophe: alle tot, ermordet von der Schwester, die ihr Geheimnis offenbart, indem sie tötet. Nur die Mutter, die von allem Anfang an alles ahnte oder wusste, kann das Ungeheuer täuschen, und wird doch von ihm zertreten. Wer ein furchtbares Geheimnis kennt, wird diese Kenntnis mit Furchtbarem bezahlen.

Die Sehnsucht nach Transparenz ist verständlich. Eine durchsichtige Welt ohne Geheimnisse hätte doch auch alles Schreckliche, das sich verbergen muss, zurückziehen muss in die Heimlichkeit des Heims, gebannt. Das Phantasma einer vollständig kontrollierten Welt, in der jeder für jeden in all seinem Handeln, Tun und Denken sichtbar geworden ist, in der es keine privaten Räume, keine Intimität und keine Geheimnisse mehr gibt, ein Phantasma, das durch die Digitalisierung in den letzten Jahren ungeheure Nahrung bekommen hat, lebt letztlich von dieser Angst vor dem, was sich hinter einer vorgehaltenen Hand verbergen könnte.

Aber in diesem Verborgenen geht das *Geheimnis* nicht auf. Martin Luther diente dieses Wort als Übersetzung des lateinischen »Mysterium«, das sich auf verborgenes Wissen ebenso beziehen kann wie auf das, was sich jeder Form eines zugänglichen Wissens entzieht. Das Geheimnis verweist so auch auf das Unergründliche, wie es sich nicht nur in der Erfahrung des Schrecklichen und Furchtbaren, sondern auch in der Begegnung mit dem Schönen und Erhabenen sowie in den Erscheinungsformen des Erotischen und des Begehrens andeuten mag. Eine Welt ohne Geheimnisse, eine reine Transparenzgesellschaft wäre – so vermutet es der Philosoph Byung-Chul Han – eine unmenschliche Welt, in der es vor allem eines nicht mehr gäbe: Vertrauen. Vertrauen muss der Mensch nur dort, wo er nicht alles weiß. Wo alles offen zutage liegt, ersetzen Kontrolle und Berechnung vollständig das Vertrauen, ohne das bislang menschliche Gemeinschaften nicht existieren konnten.

Aber was heißt Menschlichkeit, was heißt Vertrauen in einer Welt furchtbarer Geheimnisse? Der jüngste Sohn könnte auch davon erzählen. Mithilfe der Zauber, die ihm die Frau im Turm mitgegeben hat, kann der Junge ein zweites Mal fliehen – und entkommt dennoch nicht. Zum Schluss evoziert dieses Märchen ein ungeheures Bild, so schreckhaft und so erfahrungsgesättigt, dass einem davor grauen möchte. Der junge Mann, zum Zerreißen aufgespannt zwischen zwei Frauen, zwischen denen er sich nicht entscheiden kann, denen er nicht entkommt, die kein Hier oder Dort, kein Entweder-oder, die keine Lösung zulassen, und darüber der – ja: gütige – Mond. Und dieser altväterische Mond gibt den lapidaren Rat: Halte es aus.

Ist das nun das eigentliche Geheimnis? Und liegt darin nicht eine ungeheure Provokation für das moderne Leben? Denn wenn wir etwas nicht mehr können und wollen, dann dieses: einen Widerspruch aushalten. Wir wollen für alles klare Positionierungen, rasche eindeutige Lösungen, es muss richtig oder falsch, gut oder böse, gerecht oder ungerecht sein; ständig müssen wir wählen und entscheiden. Im Nichtentscheidenkönnen zu verharren: Das gilt als Stillstand, als Todsünde einer mobilen und transparenten Welt. Das Märchen *Der Mond* hält eine andere Botschaft für uns bereit: Das Geheimnis ist ein Geheimnis, weil etwas Furchtbares verborgen werden muss. Transparenz bringt das Furchtbare zur Erscheinung, aber es verschwindet dadurch nicht.

Wohl gibt es die Perspektive eines guten Lebens, aber am anderen Ende zerrt das Böse an uns. Wir sollten diese Art von Konflikten nicht krampfhaft lösen wollen; wir sollten nicht nach Eindeutigkeit streben; wir sollten nicht immer glauben zu wissen, wo die richtige Seite ist; wir sollten nicht jeden Widerspruch lösen; wir sollten ihn aushalten. Solch eine Zumutung jedoch hält, geben wir es freimütig zu, kaum jemand aus.

ICH

Sebastian Inwendig

Es war einmal ein trauriger Bub, der hieß Sebastian. Er hatte einen bösen Vater. Der jede Nacht betrunken nach Hause kam, der den gedeckten Tisch abgefegt hat, der das Geschirr zerschlagen hat, und das Schlimmste: der Sebastians Mutter geschlagen hat.

Und dann war Sebastian dreizehn Jahre alt. Der Vater kam in der Nacht und zog den Gürtel aus seiner Hose und schwang den Gürtel über seinem Kopf, gleich würde er den Rücken seiner Frau treffen. Sebastian sprang aus dem Bett und hob die Arme zum Himmel und rief: »Wer auch immer mich hört, wer auch immer mich hört! Ich möchte, dass es nicht ist.«

Da war alles stumm und starr. Die Mutter war starr, die Hände über dem Gesicht, wie um sich zu schützen, den Mund offen, wie um zu schreien. Der Arm des Vaters war ausgestreckt, und in der Hand hielt er den Gürtel – alles starr und still und wie aus dem Stein gehauen.

Sebastian hörte eine Stimme, die sagte: »Was gibst du mir dafür, wenn es nicht ist?«

Und Sebastian sagte: »Wenn der Vater nie wieder meine Mutter schlägt, dann geb' ich dafür mein Leben.«

Der Gürtel hat mit Sebastian gesprochen, und der Gürtel sagte: »Was soll ich mit dem Leben eines Dreizehnjährigen? Aber wenn dein Vater deine Mutter schlägt, dann schreit sie und weint. Weil sie mich spürt. Aber ich weiß nicht, was das bedeutet. Wenn du mir die Fähigkeit gibst zu spüren, dann mache ich, dass es nicht ist.«

Und da gab ihm Sebastian seine Fähigkeit zu spüren.

Die Zeit kehrte zurück und mit ihr die Bewegung. Der Vater erschrak über sich selbst und zog den Gürtel zurück und verließ das Haus für immer.

Aber Sebastian spürte nichts mehr. Manchmal hat er sich die Finger verbrannt, wenn er auf die heiße Herdplatte gelangt hat. Oft hat er sich blaue Flecken geholt. Aber seine Mutter ist nie wieder geschlagen worden, und die Nächte waren nicht mehr voll Angst und Jammer.

Und dann ist Sebastian dreiundzwanzig Jahre alt. Und er liebt Maria. Und Maria liebt ihn. Sie wollen heiraten. Wenn sie sich umarmen, spürt es Sebastian nicht. Und wenn sie ihn küsst, spürt er es nicht. Aber ihr Mund riecht nach Himbeeren, und ihre Worte sind wie Umarmungen und Küsse.

Aber da gab es noch einen, der wollte Maria auch haben. Der trat die Tür ein und stand da. »Maria«, sagte er, »wenn ich dich nicht haben kann, dann soll dich keiner haben.«

Und er holte ein Messer aus dem Sack und hielt es Maria an die Kehle.

Da schrie Sebastian: »Wer immer mich hören kann! Wer immer mich hören kann! Ich möchte, dass es nicht ist!«

Und da war wieder alles starr und still, und die Zeit blieb stehen, und das Messer sprach zu Sebastian: »Was gibst du mir, wenn es nicht ist?«

»Wenn du machst, dass es nicht ist, dann gebe ich dir mein Leben.«

»Ah«, grinste das Messer, »was soll ich mit dem Leben eines dreiundzwanzigjährigen Mannes? Manchmal schneidet mein Herr mit mir einen Braten. Und er isst, und ich sehe zu, wie es ihm schmeckt. Und dann schneidet er das duftende Brot und isst es, und es schmeckt ihm. Oder er zerteilt einen Apfel. Aber ich weiß nicht, wie sich das anfühlt, wenn etwas schmeckt. Wenn du mir deine Fähigkeit zu schmecken gibst, dann mach ich, dass es nicht ist.«

Da sagte Sebastian: »Ich gebe dir meine Fähigkeit zu schmecken, wenn es nicht ist.«

Die Zeit kehrte zurück und mit ihr die Bewegung, und alles war gut. Der Mann klappte sein Messer zusammen und verließ das Haus und kam nie mehr wieder, und niemand brauchte sich mehr vor ihm zu fürchten.

Sebastian heiratete Maria, und sie waren glücklich. Er konnte ihre Hände nicht spüren, wenn sie ihn umarmte, und er spürte ihre Lippen nicht, wenn sie ihn küsste. Und wenn sie für ihn kochte, konnte er das Essen nicht schmecken. Und wenn sie ein Glas Wein am Abend tranken, konnte er den Wein nicht schmecken. Aber er roch ihren Himbeermund und hörte ihre lieben Worte und sah in ihr liebes Gesicht. Sie bekamen zwei Kinder, einen Bub und ein Mädchen, und sie waren glücklich.

Und dann war Sebastian dreiunddreißig Jahre alt. Und er verdiente recht gut. Und eines Abends saß die Familie um den Tisch herum, da sagte er: »Wir wollen Urlaub machen. Wir fliegen auf die Malediven.«

Und so sind sie ins Flugzeug eingestiegen, ein schöner, klarer, ruhiger Tag war. Das Flugzeug fliegt durch den Himmel, unten liegt das weite Land. Aber über dem Meer kam der Sturm. Das Flugzeug wurde durcheinandergerüttelt, die Menschen schrien, die Koffer fielen herunter, und es bestand Gefahr, dass sie abstürzten.

Da rief Sebastian: »Wer auch immer mich hört! Wer auch immer mich hört! Ich will, dass es nicht ist!«

Und da war wieder alles starr und still und stumm, und die Zeit blieb stehen. Die Menschen um Sebastian saßen mit aufgerissenen Mündern da, wie wenn sie schrien und beteten. Und Sebastian blickte durch das Fenster und sah draußen den Sturm.

Und der Sturm sagte: »Was gibst du mir dafür, wenn es nicht ist?«

Da sagte Sebastian: »Wenn meiner Familie nichts passiert, dann geb' ich dir mein Leben.«

»Was soll ich mit dem Leben eines dreiunddreißigjährigen Mannes?«, seufzte der Sturm. »Aber wenn du auf der Brücke stehst und riechst das Wasser, und das riecht so, wie du es liebst, was denkst du, wer bringt den Geruch an deine Nase? Und wenn du auf dem Feld stehst, und das Feld ist frisch gemäht, und es riecht wie das Paradies, was glaubst du, wer bringt diesen Geruch an deine Nase? Oder wenn du bei deiner Frau liegst, und ihr Mund duftet nach Himbeeren, wer glaubst du, bringt diesen Duft zu dir? Das bin ich. Aber ich weiß nicht, was das ist, ein Geruch. Wenn du mir deine Fähigkeit zu riechen gibst, dann mache ich, dass es nicht ist.«

Da sagte Sebastian: »Die gebe ich dir.«

Die Zeit kehrte zurück und mit ihr die Bewegung, und alles war gut, und über den Lautsprecher erklang die Stimme des Piloten: »Meine Damen und Herren, wir hatten eine heftige Turbulenz. Aber nun ist alles wieder ruhig, und wir werden unseren Flug bis zum Ende in Ruhe fortsetzen.«

Aber wie die Malediven riechen, das würde Sebastian nie wissen.

Und dann war Sebastian dreiundvierzig Jahre alt. Und er wurde krank. Er hatte Angst. Und er wusste nicht, wovor er Angst hatte. Er war krank an der Angst. Wenn er die Augen schloss, brüllte die Angst in ihm, so dass er die Augen gleich wieder öffnete. Er konnte nicht mehr schlafen. Und niemand konnte ihm helfen, seine Frau nicht, seine Kinder nicht, und die Ärzte konnten ihm auch nicht helfen.

Und in seiner Verzweiflung und Not rief er: »Wer immer mich auch hört! Wer immer mich auch hört! Ich will, dass es nicht ist!«

Da sprach die Angst zu ihm: »Was gibst du mir, wenn es nicht ist?«

Und Sebastian antwortete: »Wenn du nicht mehr bist, dann geb' ich dir mein Leben. Lieber tot, als diese Angst zu spüren, die meine Seele auflöst wie das Wasser das Salz.«

»Ach, dein Leben«, kicherte die Angst, »was denkst du, wie viele Leben ich schon bekommen habe? Freiwillig und unfreiwillig. Was soll ich mit dem Leben eines dreiundvierzigjährigen Mannes anfangen? Kann man Leben in einem Regal stapeln? Und wenn das Regal voll ist? Soll ich dann ein neues bauen? Was für Zumutungen sind das! Aber hör: Ich bin taub von meinem eigenen Lärm. Und ich möchte so gern wieder hören. Und sei es auch nur, weil ich euer Weinen vermisse. Wenn du mir deine Fähigkeit zu hören gibst, dann verspreche ich dir, dass es nicht mehr ist.«

Da sagte Sebastian zur Angst: »Ich geb' dir meine Fähigkeit zu hören.«

Als er aus dem Albtraum aufwachte, war er taub.

Und wenn jemand taub ist, und wenn jemand nichts mehr riechen kann, wenn jemand nichts mehr schmecken kann, und wenn er nicht tasten kann, dann braucht er gute Augen. Die Augen werden scharf. Sie sehen alles. Sie sehen nicht nur, was vor ihnen liegt, sie sehen nicht nur, was ist, sie sehen auch, was sein wird bis in Ewigkeit, und sie sehen, was war, sie sehen alles, was jemals geschehen ist auf dieser Erde. Und das ist, als ob einer in die Hölle hinabblickte. Und das kann man nicht. Niemand kann in die Hölle schauen.

Und Sebastian rief: »Wer immer mich hört, ich möchte, dass es nicht mehr ist!«

Und da sprachen die Vergangenheit und die Zukunft zu Sebastian, und sie sagten: »Hör zu, du Ärmster der Armen. Wir beide sind Geschwister. Was gibst du uns, wenn es nicht mehr ist?«

Und Sebastian sagte: »Dann geb' ich euch mein Leben.«

Und sie lachten, dass es nur so schallte: »Dein Leben, du Ärmster der Ärmsten, das wollen wir nicht. Wir sind Geschwister, die auf ewig getrennt sind. Nie im Leben kommen Vergangenheit und Zukunft zusammen. Aber wir wollen uns einmal wenigstens sehen. Wenn du uns die Fähigkeit gibst, zu sehen, was kein Mensch erträgt, dann machen wir, dass es nicht ist.«

Da sagte Sebastian: »Dann geb' ich euch die Fähigkeit, alles zu sehen, was es gibt.«

Und von da an war er blind.

Sebastian saß und rührte sich nicht, als wär' die Zeit für ihn stehengeblieben. Und sagte kein Wort mehr. Er spürte nichts mit seinen Händen, er schmeckte nichts mit seiner Zunge, er roch nichts mit seiner Nase, er hörte nichts mit seinen Ohren, er sah nichts mit seinen Augen.

Die Leute blieben vor ihm stehen. Sie tuschelten: »Was geht wohl in ihm vor?«

Die einen sagten: »Nichts, nichts geht in ihm vor.«

Die anderen sagten: »Alles. Alles geht in ihm vor. Aber inwendig.«

Und von da an nannten ihn die Leute Sebastian Inwendig. »Der dahockt und sich nicht rührt, der nichts hört und der nichts spürt, der nichts sieht und der nichts riecht, der nichts schmeckt und kaum noch schnauft, das ist der Sebastian Inwendig!«

Nichts ist so verführerisch wie der Blick auf sein Selbst. Der Blick auf das, was man ist, zu sein scheint oder sein könnte. Ohne die Kraft dieser Verführung wäre das *Selfie* nicht einmal eine Randerscheinung unserer Kultur. Aber was verbirgt sich hinter diesen unzähligen digitalen Reproduktionen eines Selbst? Was zeigt sich, wenn man die Oberfläche durchbricht?

Wer bin ich – und wenn ja, wie wenig. Das wäre die richtige Frage gewesen. Aber sie scheint nicht zeitgemäß. Der moderne Mensch liebt das Spiel mit vielen, wechselnden Identitäten, er ist einmal dieser, dann wieder jener, er wechselt seine religiösen, weltanschaulichen und sexuellen Orientierungen, er ist Teilhaber mehrerer Sprachen und Kulturen, er fühlt sich in New

York so zu Hause wie in Wien, Berlin oder Schanghai, er ist überall ein bisschen ein anderer und doch immer er selbst. Das Ich ist eine Konstruktion, die von der Fülle, der Vielfalt, der Vielheit und den Verlockungen des Andersseins lebt. Man kann, wie ein modernes Märchen uns eindringlich nahelegt, die Frage nach dem Ich aber auch ganz anders stellen.

Was macht ein Ich aus? Was bestimmt das Ich-Gefühl eines Menschen? Was gehört als notwendige Voraussetzung zu diesem Ich-Bewusstsein, und wovon kann man, im Wortsinn, abstrahieren, also absehen? Wie viel kann ein Mensch einbüßen, von sich verlieren, ohne aufzuhören, der zu sein, der er ist? Aber auch: Wem schulden wir so viel von uns, dass wir bereit sein müssen, uns um dieser Schuld willen auf immer weniger zu beschränken? Die Geschichte von Sebastian Inwendig stellt diese und noch eine Reihe anderer Fragen.

Dem traurigen Helden dieses Märchens geht es nicht um sich. Wer er ist und wer er wird, ist nicht Resultat einer philosophischen oder psychologischen Spekulation, sondern Konsequenz eines Lebens, das das Unerträgliche nicht erträgt und bereit ist, alles zu geben, damit es aufhört. Die ethische Dimension dieses Märchens berührt in ungewohnter Radikalität die Frage der Werte, die zwar in Sonntagsreden gerne beschworen, ansonsten aber wenig beachtet werden. Sebastian will, dass die Not von Menschen ein Ende hat. Er will, dass seine Mutter nicht mehr geschlagen wird, dass seine Geliebte nicht von einem Eifersüchtigen mit dem Tod bedroht wird, dass seine Familie nicht bei einem Flugzeugabsturz ihr Leben verliert. In der Frage der Dinge: »Was gibst du mir dafür, wenn es nicht ist?« drückt sich dies aus, denn diese Frage ließe sich auch so formulieren: Was ist dir die Unversehrtheit deiner Mutter, das Leben deiner Geliebten, die Gesundheit deiner Familie wert? Und Sebastian ist bereit, immer sein eigenes Leben dafür einzusetzen, so hoch bestimmt er diesen Wert, doch die Dinge lehnen dies ab. Das Leben, was ist schon ein Leben? Damit wäre für die Dinge nichts gewonnen. Sie wollen, dass Sebastian ihnen jene sinnlichen Fähigkeiten überlässt, die den Dingen fehlen. Sie bestimmen den Wert der Leben, um die Sebastian kämpft, nach ihren Interessen und Präferenzen. Und weil das Unerträgliche, das, was aufhören soll, für Sebastian wirklich unerträglich ist, ist er bereit, den Preis zu zahlen, den die Dinge verlangen: Dem Gürtel überlässt er die Fähigkeit zu spüren, dem Messer die Fähigkeit zu schmecken, dem Wind die Fähigkeit zu riechen.

Überhaupt: die Dinge. Sebastian verhandelt nicht mit Menschen, auch wenn diese wie der Vater oder der

Nebenbuhler die Urheber des Leides sind, das aufhören soll. Mit Dingen oder Naturgewalten wie dem Wind kommunizieren und verhandeln kann man natürlich nur im Märchen. Das rührt aus mythischer Zeit, als die Dinge und die Natur noch beseelt waren und den Menschen wie ihresgleichen begegneten. Seit der Aufklärung und dem Siegeszug des Rationalismus haben wir uns, wie es der große Soziologe Max Weber formulierte, an eine Entzauberung der Welt gewöhnt, in der Dinge auf ihre Funktion und die Natur auf ihre Verwertbarkeit reduziert werden. Aber vielleicht ist es nicht so einfach, vielleicht war dieser Reduktionismus vorschnell.

Philosophie und Soziologie haben in jüngster Zeit den Begriff »Aktant« für Dinge und andere nichtmenschliche Wesen geprägt, die mit dem Menschen ein Netzwerk des Handelns bilden. Nicht nur digitale Maschinen, sondern auch Waffen und Werkzeuge werden nicht mehr als Instrumente, sondern als Handlungspartner in einem komplexen Beziehungsgeflecht verstanden. Der französische Soziologe Bruno Latour kann dann auch in provokanter Manier von einem »Parlament der Dinge« sprechen. Der zur Peitsche umfunktionierte Gürtel, das bedrohliche Messer, der tobende Sturm sind für Sebastian tatsächlich nicht nur Objekte, die in einer märchenhaften Form symbolisch zum Sprechen gebracht werden, sondern auch in einem modernen Sinn Aktanten, die eine bedeutsame Rolle in einem sozialen Gefüge spielen.

Aber, und auch dies lässt sich als Einsicht in die moderne Welt deuten, die Dinge fordern ihren Preis. Sie verzehren sich nach dem, was dem Menschen eigentümlich ist – nicht die Intelligenz, nicht die Kraft, nicht die Sprache, sondern die bewusste sinnliche Erfahrung. Menschsein heißt spüren können. Das ist nicht ganz von der Hand zu weisen. Der Philosoph Ulrich Pothast hat in seinem *Philosophischen Buch* versucht, das Spüren als die eigentlich entscheidende Erfahrung des Menschen zu begründen. Die Dinge im Märchen von Sebastian Inwendig wissen dies vor aller Philosophie. Und sie nehmen Sebastian diese Fähigkeit des Spürens.

Nach dem Flug auf die Malediven nimmt die Geschichte eine entscheidende Wendung. Nun werden nicht mehr Mitglieder von Sebastians Familie von einer Macht von außen bedroht, sondern er selbst wird sich zum Problem. So hält er seine angstgesättigten Albträume nicht mehr aus und will, dass sie aufhören. Und die Angst will wieder das Weinen der Menschen hören und nimmt Sebastian das Gehör. Nahezu aller Sinne beraubt, bleibt dem Mann nur noch das Auge, das Sehen. An das Sehen aber ist von alters her – zumindest in der griechisch-antiken Tradition – alle Erkenntnis gebunden. Erkennen heißt sehen, und zwar nicht nur die Dinge, die offenkundig zu Tage liegen, sondern auch – durch ein inneres Auge – das, was sich hinter den Dingen verbirgt, ihren Grund und Zusammenhang ausmacht. Das griechische Verb *theorein,* von dem sich die *Theorie* ableitet, bedeutet so viel wie »schauen«. Aber es ist kein voyeuristischer Blick damit gemeint, sondern ein nachdenkliches Schauen, das die Dinge betrachten und erkennen will. Auf solch ein Schauen ist Sebastian nun reduziert, und das bedeutet, dass er in nichts mehr von seiner Erkenntnis abgelenkt ist. Die Augen werden scharf, und sie erkennen, was war, was ist und was sein wird. Und das ist furchtbar – die Hölle.

Die Hölle? Das Märchen paraphrasiert hier – vielleicht ohne dass es sich dessen bewusst sein kann – eine berühmte und berüchtigte Formel. »Ich war, ich bin – ich werde sein« – dies lässt der Lyriker Ferdinand Freiligrath in einem flammenden Gedicht aus dem Jahre 1851 die Revolution von sich selbst sagen, und mit diesem Zitat beendete die Kommunistin Rosa Luxemburg ihren letzten Artikel in der *Roten Fahne,* nach der Niederschlagung des Spartakus-Aufstandes und kurz vor ihrer Ermordung im Januar 1919. »Ich war, ich bin, ich werde sein« – diese Worte beschlossen aber auch jenes denkwürdige Dokument, mit dem die *Rote Armee Fraktion* im Jahre 1998 zwar ihre Auflösung verkündete, aber ihren Glauben an die Rechtmäßigkeit des Terrors bekräftigte. Ist dies die Hölle, die Legitimation noch des Furchtbarsten durch einen inbrünstigen Glauben an die Zukunft, der an die Stelle des ewigen Gottes getreten ist? Wir wissen es nicht. Es ist jedenfalls eine Wahrheit, die dem Menschen nicht zumutbar ist. Um diese nicht sehen zu müssen, gibt Sebastian sein Augenlicht hin, damit Vergangenheit und Zukunft einander einmal sehen können. Wenn Vergangenheit und Zukunft aber einander erblicken und das sehen, was zu sehen kein Mensch erträgt – müsste das nicht die Gegenwart sein?

Was bleibt von Sebastian, wer ist er, und wenn ja, wie wenig? Aller Sinne beraubt, ist er reduziert auf die reine Innerlichkeit. Was aber ist diese Innerlichkeit? Was weiß sie? Was geht in ihr vor? Und was bedeutet es für die Identität eines Menschen, wenn er aller Wahrnehmungen, aller Erfahrungsmöglichkeit, aller Formen des Spürens beraubt ist, im Zustand einer existentiellen sensorischen Deprivation verharren muss? Bleibt da nicht ein reines ICH, das der Philosophie immer schon – zumindest spekulativ – sehr sympathisch war, da sie den Sinneswahrnehmungen ohnehin misstraut? René Descartes etwa hat einen bösen Geist, einen *genius malignus* imaginiert, der alle Sinneseindrücke, die ein Mensch haben kann, diesem nur vortäuscht; wer erkennen will, muss diese Sinneseindrücke angestrengt wegdenken. Sebastian Inwendig muss nichts mehr wegdenken, es ist nichts mehr da. Wird er zu demselben Schluss kommen, wie Descartes' an allem zweifelndes Subjekt: Ich denke, also bin ich? Aber dieses Ich, das sich seiner selbst im Denken vergewissern kann, ist es nicht unendlich arm ohne Schmecken, Riechen, Fühlen, Spüren, Sehen, Hören? Und noch einmal erinnert das Märchen an aktuelle Debatten, an jene digitalen Phantasien, die den Menschen auf die Funktionen seines Gehirns reduzieren, dieses digital kopieren und für alle Zeiten in einer Cloud speichern wollen. Wer aber möchte so, in dieser Armut, existieren?

Der Zustand, in dem sich Sebastian Inwendig am Ende seines Lebens befindet, ist in der Psychologie auch experimentell erforscht worden. Menschen, die längere Zeit einer sensorischen Deprivation ausgesetzt sind, beginnen sich eine Welt der Farben, Formen, Gerüche und Töne zu imaginieren. Sie halluzinieren. Könnte es sein, dass Sebastian Inwendig, der von dieser Welt nichts mehr erfährt, sich in seinem Inneren eine andere Welt erschaffen wird? Er verlor sein letztes Sinnesvermögen, sein Augenlicht, weil er den Anblick der Wahrheit nicht ertragen konnte. Friedrich Nietzsche hatte sich einmal folgenden Gedanken notiert: »Die Wahrheit ist hässlich. Wir haben die Kunst, damit wir nicht an der Wahrheit zugrunde gehen.« Wird sich Sebastian Inwendig, wie ein Künstler, eine innere Welt erschaffen, die sein ganzes Ich enthalten und umfassen wird, einen Reichtum und eine Fülle der Innerlichkeit, der Phantasie, der Imaginationskraft? Wir wissen es nicht. Aber wir können vermuten, dass auch ein solches Leben kein Leben ist.

Sebastian hat seine Sinnlichkeit nicht leichtfertig hingegeben. Es war aber genau diese Sinnlichkeit, es war seine Sensibilität gegenüber seinem und dem Leid der anderen, die zum Verstummen gebracht werden musste, weil es unerträglich wurde. Sebastian war ein trauriger Junge gewesen, und diese Trauer war vielleicht Ausdruck und Bedingung einer Gestimmtheit, die alles mit peinigender Intensität aufnehmen musste. In der Regel stumpfen wir unsere Spürensmöglichkeiten ab, um einem ähnlichen Schicksal zu entgehen. Besser wäre ein Leben, in dem es nichts gibt, an dem unsere Sinne verzweifeln müssten. Aber wenn sich schon das Märchen solch ein Leben nicht vorstellen kann, wird es dafür in der Wirklichkeit kaum Chancen geben. Und wer wir sind, was unser ICH ausmacht, worin unser Selbst gründet, wissen wir dann weniger denn je.

SCHÖNHEIT

Marsyas

Die Göttin Pallas Athene streifte einst durch die Wälder, da fand sie einen Doppelknochen, einen von Ameisen ausgehöhlten und blankgeputzten Doppelknochen. In den bohrte sie Löcher, und in die Öffnung, dort, wo die beiden Knochen zusammenliefen, klemmte sie ein Rohrblatt, und da war der Knochen ein Ding, mit dem man Musik machen konnte. Und sie gab dem Ding den Namen Aulos.

Athene wollte ihre Erfindung oben im Olymp den versammelten Göttern vorführen. Sie setzte sich an die Tafel und begann auf dem Aulos zu spielen. Es muss ohne Zweifel eine wunderbare Musik gewesen sein, eine göttliche Musik eben.

Und dennoch: Hera, die Göttermutter, die Schwester und Gattin des Zeus, und Aphrodite, die Göttin der Liebe, und auch Apoll und Artemis und Hephaistos und Hermes, sie alle drehten sich um und begannen zu tuscheln und zu kichern. Zeus aber brüllte vor Lachen.

Athene fragte: »Was ist denn? Spiele ich nicht richtig? Spiele ich nicht schön?«

Sie bekam keine Antwort.

Sie bekam nur Gelächter.

Nun, dachte sie, es kann ja nicht nur an den anderen liegen, vielleicht liegt es ja an mir. – Im Gegensatz zu ihrem Vater und ihren Geschwistern war sie durchaus fähig zur Selbstkritik. Manchmal. Selten.

Sie stieg zur Erde hinunter, suchte sich einen klaren Gebirgssee, wo niemand wohnte, der sie beobachten konnte. Sie beugte sich über das Wasser und spielte dasselbe Lied noch einmal, diesmal nur für sich. Und betrachtete, während sie spielte, ihr Spiegelbild. Und nun wusste sie, warum Hera und Aphrodite, Apoll und Artemis, Hephaistos und Hermes gekichert hatten, und warum ihr Vater gebrüllt hatte vor Lachen und nicht mehr aufhören konnte. Ihr Spiegelbild zeigte ein aufgedunsenes, angestrengtes, bläulich rot angelaufenes Gesicht, die Augen waren zusammengedrückt, die Nasenflügel gebläht, der Hals gedunsen. Die Musik klang wunderschön, nichts war an der Musik auszusetzen, aber sie machte den Musikanten hässlich. Mit dieser Erfindung konnte Athene nirgends großtun, das Spiel auf dem Aulos war nichts für sie, vielleicht überhaupt nichts für Frauen, es machte abstoßend. Die

Unsterblichen sollten dieses Ding meiden. Denn die Unsterblichen sind herrlich.

Sie warf den Aulos hinter sich, und weil er sie beleidigt hatte, heftete sie einen Fluch an ihn: »Wer auch immer dieses Ding spielt, es soll das Unglück über ihn kommen, ein größeres Unglück, als er es sich vorstellen kann.«

Und nun hüpfte eines Tages der Satyr Marsyas daher, ein Hässlicher, ein harmloser Waldbewohner, nicht sehr klug, aber rundum zufrieden mit sich und seinem Dasein. Und er stolperte über den Aulos, und er sagte sich: »Na gut, wenn ich schon darüber stolpere, dann soll er mir dienen.«

Und er sah ihn an, und er probierte, und er begriff, und er begann darauf zu spielen. Er hatte keine Ahnung von Musik und keine Ahnung von der Handhabung dieses Instruments. Aber siehe da, aus dem Aulos kamen wie von selbst wunderbare Klänge, eben göttliche Klänge. Marsyas dachte nicht daran, dahinter einen Spuk zu vermuten, schon gar nicht einen Fluch, er schrieb die Musik seinem Genie zu, von dem er, wie er sich sagte, bisher nur noch nichts gewusst hatte.

So zog er vor die Bauern und spielte ihnen bei ihren Festen auf.

Und die sagten: »Marsyas! So kennen wir dich gar nicht. Warum kannst du das?«

Und er antwortete: »Ich kann es aus mir heraus. So bin ich. So bin ich. Genau so bin ich.«

»Das war in dir drinnen?«, staunten sie.

»Ja, das war in mir drinnen«, staunte auch er.

Die Bauern bewunderten ihn mit offenem Mund. Und einer sprach es schließlich aus: »So schön wie du spielt nur Apoll, und der ist immerhin der Gott der Musik!«

Und ein zweiter legte noch eins drauf: »Nein, so schön wie du, Marsyas, so schön spielt nicht einmal Apoll!«

Und da hätte der unglückselige, närrische Marsyas widersprechen sollen. Unbedingt hätte er widersprechen sollen! Er hätte aufstehen und davonrennen sollen! Er hätte wie Pallas Athene den Aulos weit von sich werfen sollen. Aber er hat es nicht getan. Er war eben auch eitel, und er hat sich solches Lob gerne sagen lassen. Wann hat ihn, den Hässlichen, je einer gelobt? Außerdem: Wie sollte ein kleiner, hässlicher, stinkender, schmutziger Satyr dem Fluch einer Göttin entkommen?

Und irgendwann hat er es selber geglaubt: Der Marsyas spielt besser als Apoll.

Denken hätte er es ja dürfen. Gedanken lesen können die Götter nicht. Das hat auch nie jemand behauptet,

Homer nicht, Hesiod nicht, Pindar nicht. Aber Marsyas hat mit diesem Satz laut Werbung für sich gemacht.

»Ich spiele besser als Apoll!«

Und Apoll hörte, wie mit seinem Namen geprahlt wurde, wie sein Name erniedrigt wurde. Er sah eine Weile vom Olymp aus zu, dann kam er herunter und stellte den Marsyas:

»Wenn du meinst, dass du so schön spielen kannst wie ich«, sagte er, »oder dass du sogar schöner spielen kannst als ich, dann lass uns doch einen Wettstreit abhalten. Ich spiele auf der Lyra, und du spielst auf dem Aulos.«

Marsyas stimmte zu. – Er stimmte tatsächlich zu!

Apoll bestellte die Jury: die Musen, die Göttinnen der Künste und der Wissenschaften. Die Musen sollten beurteilen, wer schöner spielte, der Gott oder der Satyr.

Bevor sie begannen, sagte Apoll: »Weil ich der Gott bin und du, Marsyas, nichts weiter als ein schmutziger, stinkender Satyr, werde ich die Regeln des Wettstreites festlegen. Ich verkünde: Der Sieger darf mit dem Verlierer umspringen, wie es ihm passt.«

Marsyas war einverstanden. – Er war tatsächlich einverstanden!

Der eitle Dummkopf interpretierte die Tatsache, dass der herrliche Apoll, der erstgeborene Sohn des mächtigen Zeus, sich herabließ, ihm, dem Hässlichen, Stinkenden, Schmutzigen, Bedingungen zu diktieren, als eine Unsicherheit, als ein Zugeständnis. Er glaubte tatsächlich, Apoll werde verlieren. Und darüber, was Mit-dem-Verlierer-umspringen-wie-es-ihm-passt heißen könnte, darüber machte er sich keine Gedanken.

Und dann spielten sie – Apoll auf der Lyra, Marsyas auf dem Aulos. Und zunächst sah die Sache für den Satyr gar nicht schlecht aus. Die Musen sagten: »Nein, wir können nicht feststellen, wer von euch der Bessere ist. Wir können uns nicht entscheiden. Ihr seid beide gleich gut.«

Da sagte Apoll: »Wenn das so ist, werde ich die Regeln erweitern. Ich will, dass du, Marsyas, mir alles nachmachst. Wenn du das kannst, dann bist du der Sieger. Dann kannst du mit mir umspringen, wie es dir passt.«

Nun wird es dem Marsyas wohl etwas mulmig geworden sein. Aber er stimmte wieder zu. Was blieb ihm anderes übrig?

Apoll drehte seine Lyra um und spielte mit der linken Hand, was er zuvor mit der rechten, und mit der rechten, was er zuvor mit der linken Hand gespielt hatte. Und dazu sang er auch noch.

Das geht mit der Lyra, und auch mit der Kithara geht das, aber es geht nicht mit einem flötenähnlichen Instrument, wie es der Aulos ist. Erstens kommt nichts heraus, wenn man eine Flöte umdreht und hinten hineinbläst, und zweitens kann kein Mensch Flöte spielen und gleichzeitig singen. Nicht einmal ein Gott kann das.

Also hat Marsyas den Wettstreit verloren. Die Musen überreichten den Siegerkranz Apoll.

Und nun Apoll zu Marsyas: »Weißt du stinkender, schmutziger, hässlicher Narr noch, was wir vereinbart haben?«

Marsyas nickte nur.

Aber Apoll machte es Freude, es auszusprechen: »Der Sieger darf mit dem Verlierer umspringen, wie es ihm passt. Haben wir das vereinbart?«

Marsyas nickte nur.

»Und wer ist der Sieger?«

»Du.«

»Sag meinen Namen!«

»Apoll ist der Sieger.«

Da packte der Gott den Satyr am Genick, hängte ihn an eine Fichte und schabte ihm mit dem Aulos die Haut vom Körper. Die Musen standen dabei, und das Geschrei des Marsyas war ihnen wie Musik. Denn die Musen verstehen es, in allen Dingen der Welt das Schöne zu sehen.

Nichts ist so verführerisch wie die Vollkommenheit. Dass es etwas gäbe, an dem kein Makel ist, von dem sich unser Auge nicht abwenden, unser Ohr nicht entfernen mag, macht sie schlicht unwiderstehlich. Was unseren Sinnen ohne allen Widerstand gefällt, dem wollen wir uns gerne hingeben, das können wir rückhaltlos bewundern, das markiert einen Flucht- und Sehnsuchtspunkt in unserer unvollkommenen Welt. Aber das damit versprochene Glück ist brüchig.

Die Geschichte des geschundenen Marsyas, des zotteligen und hässlichen Silens, der einen Gott zu einem Wettkampf herausforderte und dem dafür bei lebendigem Leib die Haut abgezogen wird, gehört zu den eindrücklichsten, immer wieder neu interpretierten Mythen der Antike. Was hat man in dieser Geschichte nicht alles gesehen: den Kampf zwischen hoher und niederer Kunst, zwischen E-Musik und U-Musik, zwischen dem Apollinischen und dem Dionysischen, zwischen Orient und Okzident, zwischen Zivilisation und Barbarei, zwischen Mensch und Tier. Aber diese Geschichte handelt ausschließlich von einem Phänomen, das wir ungern in die Nähe von Gewalt und Grausamkeit rücken, obgleich es damit untrennbar verschwistert ist: Es geht um die Schönheit und ihr Verhängnis.

Marsyas enthält alles, was man für eine Theorie der

Kunst und der Schönheit benötigt. Das beginnt schon mit der Vorgeschichte. Eine Göttin erfindet ein Instrument, mit dem man herzzerreißende, wunderbare Musik machen kann, selbst aber dabei hässlich wird. Ist damit nicht schon alles gesagt? Natürlich: Das hat bis heute auch komische Seiten. Wer in einer Nahaufnahme die aufgeblähten Backen der Bläser während einer Konzertübertragung sieht, mag manchmal schmunzeln. Nur sind Orchestermusiker in der Regel keine Ikonen der Schönheit, was für eine Göttin nicht galt. Ihre durch das Spielen des Aulos verzerrten Gesichtszüge mussten sie in ihrem innersten Wesen treffen. Dass sie die Flöte verfluchte, ist verständlich. Ein Hauch dieses Fluches liegt seitdem über aller Kunst: Das Hässliche zählt zu den Voraussetzungen, Begleiterscheinungen oder auch Folgen des Schönen. Jedes Kunstwerk, schrieb Theodor W. Adorno einmal, ist eine abgedungene Untat. *Marsyas* erzählt die Urgeschichte dieser Untat.

Nach einem gerne zitierten Wort von Stendhal ist Schönheit nur ein Versprechen von Glück. *Marsyas* klärt uns darüber auf, was es mit diesem Versprechen so auf sich hat. Das unansehnliche Halbwesen findet den Aulos und kann – welch ein Wunder – diesem Instrument sofort die schönste Musik entlocken. Seine Akzeptanz unter den Menschen steigt sofort. Natürlich ist Kunst –

wie auch der Sport – das Medium der Zukurzgekommenen, ein Vehikel für Aufsteiger, eine wunderbare Strategie, körperliche und sonstige Defizite zu kompensieren. Und da hatte Marsyas einiges zu tun: Eselsohren, dichte Körperbehaarung, ein Schweif, Hufe an den Füßen, eine animalische Geilheit mit sichtbarer Dauererektion. Solch eine Ansammlung von Hässlichem wird durch aufgeblähte Backen kaum mehr gesteigert. Der Wohlklang, den dieser garstige Faun nun hervorbringen kann, zeigt die andere Seite des Verhältnisses des Schönen zum Hässlichen: Schönheit ist keine Voraussetzung, um Schönes hervorzubringen. Von dieser Einsicht leben ganze Subkulturszenen ziemlich gut, auch wenn die aktuell grassierende Unsitte, junge Autorinnen wie erotisch aufgeladene Models zu präsentieren, diese Einsicht in den Hintergrund treten lässt – eine Verkaufsstrategie, die sich rächen wird. Umgekehrt tun wir uns noch immer schwer damit, Künstler zu akzeptieren, die als Menschen nicht besonders charakterstark gewesen sein mögen, denen es also an einer schönen Seele mangelte. Marsyas, der Hässliche, konnte zumindest den Aulos aus Herzenslust spielen, er konnte im Gegensatz zu Athene dadurch nicht mehr hässlicher werden. Aber er wurde dadurch übermütig.

Warum forderte Marsyas Apoll, den Gott der Künste,

zu einem Wettkampf, noch dazu unter kaum annehmbaren Bedingungen? War es nur die Hybris, die Überheblichkeit, die sich ein Halbwesen gegenüber einem Gott nie hätte herausnehmen dürfen? War es die Eitelkeit? Waren es die Schmeicheleien seiner Zuhörer? Oder liegt es im Wesen der Schönheit selbst, der Kunst, dass sie den Vergleich suchen muss? Gehört der Wettkampf zur Eigenart des Ästhetischen? Finden wir in der Geschichte des Marsyas die Urszene aller Künstlerwettbewerbe, vom Sängerkrieg auf der Wartburg über die Klavierwettbewerbe bis zum Eurovision Song Contest? Gewissermaßen ja. Das Schöne ist schön nur im Vergleich mit anderen, die ästhetische Urteilskraft und der gute Geschmack entwickeln sich nur durch mannigfache Erfahrungen und Vergleichsmöglichkeiten. Andererseits ist das ästhetische Urteil an subjektive Kriterien gebunden. Das unterscheidet den künstlerischen Wettbewerb auch vom sportlichen Wettkampf oder vom ökonomischen Wettbewerb. Denn die künstlerische Leistung ist nicht messbar, nicht in Zahlen übersetzbar, und es geht nicht nur um Profitraten und Verkaufszahlen. Im Kunstwettbewerb muss der Sieger aus kundigem Munde verkündet werden.

Im Mythos übernehmen Musen die Rolle der Kunstrichter. Kundigere als diese hätten nicht gefunden werden können. Sie sind auch die Urbilder der Kunstkritik. Kritik bedeutet, unterscheiden können. In der Kunst soll zwischen dem Gelungenen und dem Misslungenen, zwischen dem Schönen und dem Hässlichen, zwischen dem Virtuosen und dem Ungenügenden unterschieden werden. Aber die Musen hören keinen Unterschied zwischen dem Flötenspiel des Satyrs und dem Lyraspiel des Gottes. Und wie immer, wenn sich der Geschmack nicht entscheiden kann, wenn die Kunst demonstriert, dass ihr die Idee eines Wettbewerbs, bei dem es in einem eindeutigen Sinn um Sieg oder Niederlage geht, vielleicht doch unangemessen sein könnte, sucht man Zuflucht zu letztlich äußerlichen Kriterien. Apoll ist ein Meister im Finden und Erfinden solcher Kriterien. Als ob es etwas über die Schönheit von Musik besagte, dass man das eine Instrument auch verkehrt spielen kann, ein anderes nicht, dass man zu einem Instrument, das man nur mit den Händen bedient, auch singen kann, zu einem, für das man den Mund benutzen muss, aber nicht.

Ist Marsyas von Apoll also betrogen worden? Gibt es Sieger im Kunstwettbewerb nur durch Betrug? Ja und nein. Apoll hat nicht schöner gespielt als Marsyas. Insofern war das abschließende Urteil vielleicht nicht gerecht. Andererseits: Unter dem Gesichtspunkt der Virtuosität betrachtet, brachte der Gott etwas zustande, was der Satyr nicht reproduzieren konnte. Und machen wir uns nichts vor: Damit hat Apoll ein Argument entkräftet, das nur zu gern gegen bestimmte Formen von Kunst in Anschlag gebracht wird: Das kann ich auch. Apoll zeigt, dass Kunst auch etwas damit zu tun hat, dass etwas gemacht wird, das nicht jeder machen kann, dass etwas auf eine Weise gemacht wird, die nicht jeder beherrscht. Das griechische Wort für diese Einheit von Kunst und Technik, von Schönheit und Virtuosität, von Ausdruck und Sachverstand war *techné*. Und auch das lateinische *ars* kann sowohl Kunst als auch Technik oder Wissenschaft bedeuten. Davon zehrt alle Artistik bis heute. Und trotzdem: Unsere Sympathie gehört dem eitlen Faun, denn er wird nun vom Gott geschunden.

Warum diese Gewalt, warum diese Grausamkeit, wo es doch nur um die Frage geht, wer ein Instrument besser spielt? Gehört dieses Spielerische nicht zum Wesen der Kunst? Ist das Ästhetische nicht der Rahmen, der alle ernsten Konflikte und tragischen Situationen des Lebens entschärft, verklärt, aufhebt, erträglich macht? Für Friedrich Nietzsche, der ein nahezu untrügliches Sensorium für Grausamkeiten hatte, haben wir die Kunst, damit wir am Leben nicht zugrunde gehen. Marsyas aber geht an seinem Kunstanspruch zugrunde –

und an der Besessenheit eines quälenden Gottes. Apoll, wie ihn der Mythos von Marsyas zeigt, ist keineswegs der lichtvolle Gott des Traumes, der Klarheit und der Vernunft, wie ihn Nietzsche zeichnete und damit dem rauschhaft naturverbundenen Dionysos, zu dessen Gefolge wohl auch Marsyas gehörte, gegenüberstellte. Natürlich kann man im Wettstreit zwischen Lyra und Aulos auch den Kampf zwischen einem aristokratischen Gestus und einem plebejischen Volkston erblicken, wie manchmal geschehen, und dann die Grausamkeit Apolls mit der Grausamkeit von Herrschaft schlechthin identifizieren.

Aber es geht um mehr. Apoll häutet den Silen wie ein erlegtes Tier, aber bei lebendigem Leibe und nach allen Regeln der Kunst. Ja, auch die Häutung ist eine Kunst. Es ist dies ein letzter, unerträglich schmerzhafter Akt einer Freilegung, einer Entbergung, einer Wahrheit. Dem Herausforderer des Gottes wird die Haut abgezogen, jene schützende und noch den Hässlichsten verschönernde Hülle, die das Innere, das Geflecht von Adern, Muskeln, Sehnen, Blutgefäßen und Eingeweiden, die das rohe Fleisch und damit das Rohe schlechthin verbirgt und den Blicken entzieht. Ohne diese Hülle, ohne diese Haut, ohne diese reine Oberfläche, die selbst wie eine Fassade des Fleisches wirkt und deshalb von

Anbeginn an Objekt ästhetischer Bearbeitung gewesen war, ohne diese Haut, die in ihrer Schönheit Nacktheit erträglich macht - und die Griechen waren vernarrt in diese Nacktheit -, bleibt nichts übrig vom Menschen als ein zuckendes Bündel blutenden Fleisches, bleibt nichts übrig als der reine Schmerz des gerade noch lebenden Lebens, bleibt nichts übrig als der Wunsch, endlich sterben zu können.

Aber noch die Schreie des Gemarterten erscheinen den Musen als Wohlklang. Der Künstler, so eine romantische Legende, ist ja der dünnhäutige, der immer schon Gehäutete, allen Erfahrungen der Welt schutzlos ausgelieferte Mensch, aber seine Schmerzensschreie werden den anderen zu einem Wohlklang, zu einem Genuss. Der dänische Philosoph Sören Kierkegaard zitierte, um die Situation des Künstlers zu verdeutlichen, gerne die Geschichte jenes antiken Tyrannen, der seine Feinde bei lebendigem Leibe in einem bronzenen Stier rösten ließ, dessen Nüstern so geformt waren, dass die Schmerzensschreie der Gefolterten dem Tyrannen wie Musik in den Ohren klangen. Diese Ambivalenz von höchster Lust und tiefstem Leid mag allen Künsten eingeschrieben sein und das Wesen jeder Schönheit ausmachen. Marsyas, nicht Apoll, ist der eigentliche Schutzheilige der Kunst, auch wenn er kein Märtyrer ist wie der heilige Bartholomäus, dem nicht wegen seiner Hybris, sondern wegen seines Glaubens die Haut vom Leib gezogen wurde. Aber ohne diese Hybris, ohne die Eitelkeit, deren Opfer Marsyas wurde, gäbe es weder die Schönheit noch die Kunst.

MEISTERSCHAFT

Siegfried und Mime

Als Siegfried noch jung war, aber alt genug, um in die Welt hinauszuziehen, verließ er die Burg seiner Eltern.

Wo aber beginnt die Welt?

Er setzte einen Fuß vor den anderen. Zählte hundert Schritte und dann noch einmal hundert. Drehte sich um, sah die Burg und ging weiter, drehte sich wieder um und ging wieder weiter. Es war nicht zu spüren, wo die Welt begann.

Dann wurde es Abend, und er meinte, die Welt immer noch nicht gefunden zu haben, denn nirgends war ein Tor gewesen, auf dem stand: Hier beginnt die Welt. Der Himmel war gleich, der Wald war gleich, die Amseln sangen, wie sie zu Hause gesungen hatten, der Mond erschien zwischen den Bäumen, wie er zu Hause über der Burg seines Vaters erschienen war. Nichts hatte sich verändert, außer dass er Hunger hatte.

Da hörte er Geräusche, die klangen, als ob Eisen auf Eisen geschlagen würde. Er kam zu einer Lichtung.

Feuer brannten. Drumherum standen Männer, die hatten Hämmer in den Händen, die Gesichter der Männer waren rußig, die Hämmer in ihren Händen waren riesig. Mit den Hämmern schlugen sie auf Ambosse. Funken stoben.

Siegfried hörte eine Glocke schlagen und hörte eine Frau rufen: »Kommt, Männer! Das Essen ist fertig! Geröstete Kartoffeln mit Speck und Zwiebel, dazu Schweinebraten! Und Bier gibt es auch!«

Da trat Siegfried auf die Lichtung und rief: »Darf ich mit euch essen, darf ich mit euch trinken? Ich habe Hunger und habe Durst!«

Die Männer standen breitbeinig vor ihm und blickten ihn an. Es sah nicht aus, als wollten sie etwas hergeben von dem Guten, das so gut roch.

Der Kleinste unter ihnen, der aber der Breiteste war und der die klügsten Augen hatte, trat auf Siegfried zu und sagte: »Warum stellst du dich nicht zuerst vor? Es gehört sich, dass man erst seinen Namen nennt, bevor man sagt, was man will.«

»Mein Name ist Siegfried.«

Und der Mann sagte: »Ich bin Mime. Mir gehört diese Schmiede hier. Wir sind es gewohnt, dass man für Essen und Trinken arbeitet. Ich sehe, du bist stark. Willst du arbeiten?«

»Was ist Arbeit?«, fragte Siegfried.

Die Gesellen lachten, die rußigen: »Der weiß nicht einmal, was Arbeit ist!«

»Ich möchte es gerne wissen. Sagt es mir!«, lachte Siegfried mit.

Mime sagte: »Weißt du, Siegfried, in der Welt draußen kann ein Mann nur bestehen, wenn er ein Handwerk erlernt hat.«

»Ich will in die Welt hinaus!«, rief Siegfried. »Sagt mir, was ein Handwerk ist!«

Als sie gegessen und getrunken hatten, sagte Mime: »Wir wollen, dass du uns zeigst, was du mit deiner Kraft anzufangen verstehst.«

Er ließ einen Hammer herbeischaffen, den größten und schwersten, zwei Gesellen trugen ihn, so groß und so schwer war er. Er führte Siegfried zum größten und zum schwersten Amboss. Nun schleppten die Gesellen ein glühendes Stück Eisen heran und legten es darauf.

Mime sagte: »Nimm den Hammer und schlag ihn mit aller Kraft auf dieses glühende Eisen!«

»Ist das Handwerk, wenn man mit aller Kraft?«, fragte Siegfried.

»Ja, mit aller Kraft, das nennt man Handwerk«, lachte Mime.

Die Gesellen grinsten.

Siegfried nahm den Hammer, holte aus und schlug. Der Stiel zersplitterte, das glühende Eisen flog davon bis hinauf in die Äste einer Tanne, und wo der Amboss gewesen war, da war jetzt nichts mehr, gar nichts, er hatte ihn in die Erde hineingeschlagen.

Da war es lange still. Die Gesellen grinsten nicht mehr, und Mime brauchte einige Zeit, bis er die Worte wiederfand. Dann sagte er, und er sprach sehr langsam: »Ja … man muss zwar noch einiges an dir zurechtschleifen … das schon … aber die Kraft … die Kraft ist da.«

Dann lachte er laut heraus und lachte lang, und in der Nacht wachte er immer wieder auf, und da konnte man ihn lachen hören, Mime, den Schmied. Ja, dieser Siegfried, der gefiel ihm.

Mime war ein guter Lehrer. Er wusste: Das Grobe kann nur vom Feinen gebändigt werden.

»Ich möchte, dass du ein Netz schmiedest«, sagte er zu Siegfried. »Ein Netz, so engmaschig, dass keine Mücke hindurchkriechen kann, so hart, dass es nicht zerreißen kann, so groß, dass es unseren Hof bedeckt, aber so fein, dass du es in einer Hand verbergen kannst.«

Es dauerte lang, bis Siegfried sein Gesellenstück fertig hatte. Am Abend schmerzten die Augen, die Finger wurden klamm, die Kiefer taten ihm weh vom Zähnezusammenbeißen. Aber er jammerte nicht.

Nach dem ersten Versuch war das Netz zu grobmaschig, sogar ein Frosch schlüpfte hindurch.

»Das ist nicht gut genug«, sagte Mime. Er sagte aber nicht, dass es schlecht war, nur, dass es nicht gut genug war.

Nach dem zweiten Versuch war das Netz zu schwach, ein kräftiger Tritt, und es barst.

»Du musst noch mehr tun«, sagte Mime. Er sagte aber nicht, dass Siegfried zu wenig getan hatte, nur, dass er noch mehr tun müsse.

Nach dem dritten Versuch war das Netz zu klein, nach dem vierten Versuch war es zu groß.

»Du hast genug Zeit«, sagte Mime. »Die anderen fegen derweil den Hof und holen die Holzkohle für dich, du denk nur an deine Arbeit.«

Und dann endlich hatte Siegfried seine Aufgabe erfüllt.

»Hier«, sagte er zu Mime, »dein Netz.«

Es war eine Arbeit, die sogar den Lehrherrn erstaunte. Das Netz war so fein, dass man es gegen die Sonne halten musste, um es zu sehen. Es war so fest, dass man es zwischen vier Pferde spannen konnte, und es zerriss nicht. Es war so groß, dass man es über die Hütte des

Schmieds werfen konnte, und seine Maschen waren so eng, dass der Teufel damit sogar die frömmsten Seelen hätte einfangen können. Aber wenn es Siegfried in die Faust nahm, konnte man es nicht sehen.

Mime wusste: Siegfried wird ein besserer Schmied werden als er.

»Nicht mein Netz«, sagte er, »nein. Es soll dir gehören. Dir soll es nützlich sein.«

»Und wozu kann so ein Netz nützen?«, fragte Siegfried.

»Keine Ahnung«, sagte Mime. »Von nun an aber sollst du ein Gleicher unter Gleichen sein. Du wirst die gleiche Arbeit tun wie die anderen.«

Siegfried hatte gar nichts dagegen, er wollte nicht bevorzugt werden, er wollte ein Schmied sein, nicht mehr und nicht weniger.

»Was soll ich tun?«, fragte er.

Da stellten sich die Gesellen vor ihm auf. »So, du Besonderer«, sagten sie. »Zuerst einmal sollst du Holzkohle für uns holen.«

Und sie beschrieben ihm den Weg zum Köhler. Aber sie beschrieben ihm einen falschen Weg. Sie waren böse und neidisch und wollten ihn loswerden. Sie schickten ihn statt zur Hütte des Köhlers in die Schlucht, wo ein Drache hauste.

Siegfried hatte keine Vorstellung vom Bösen, und der Neid war ihm bisher noch nicht begegnet. Als er in die Schlucht kam und den Drachen sah und der Drache fauchte und Steine nach ihm warf, da meinte er erst, dieses Wesen, was immer es sein mochte, wolle nur mit ihm spielen. Und er riss einen Baum aus, einen kleinen, und warf ihn zurück.

»Fang ihn!«

Der Drache schnaubte und warf einen noch größeren Brocken, und Siegfried sah, dass er wütend war. Da riss auch er einen größeren Baum aus und schleuderte ihn auf den Drachen, und der Drache brach ein Stück vom Fels und schleuderte es zurück, und dann wieder Siegfried. Bald hatte Siegfried einen kleinen Wald ausgerissen.

»Lassen wir es genug sein!«, rief er.

Da spie der Drache sein Feuer. Aber er war zugedeckt von den Bäumen, die Siegfried auf ihn geworfen hatte, und die Bäume fingen Feuer, und der Drache schrie und wollte sich aus seinem Scheiterhaufen befreien. Aber Siegfried griff in die Tasche und holte das feine Netz heraus, das sein Gesellenstück war, und warf es über den Drachen und über die Baumstämme, und nun kam der Drache nicht mehr aus, und er verbrannte unter dem Netz an seinem eigenen Feuer.

Und es geschah etwas Merkwürdiges, eigentlich etwas Unglaubliches: Siegfried schlief ein. Ja, er schlief ein.

Er wachte auf, weil er sich die Hand verbrannte. Der brennende Drache nämlich, der ließ Fett aus. Und das heiße Fett rann über den Hügel herunter und verbrannte Siegfrieds Hand.

Siegfried blies auf seine Hand und steckte sie in die kühle Erde, und da merkte er: Das Fett ging nicht ab. Er wollte es wegwischen, aber es blieb an seiner Hand haften. Er wollte es wegkratzen, aber es ging nicht. Als das Fett an seiner Hand abgekühlt war, sah er, dass es wie eine zweite Haut war. Und diese Haut ließ sich nicht durchstoßen. Er versuchte, mit seinem Dolch die Hand zu ritzen. Es gelang nicht.

Da lenkte er das Drachenfett in eine Mulde und wartete, bis es nur noch warm war, und zog seine Kleider aus und wälzte sich darin.

Nun war er unverwundbar!

Aber da war ein kleiner Lindenbaum, den hatte Siegfried stehen lassen, der war zu klein, um ihn nach dem Drachen zu werfen. Und dieses Lindenbäumchen sah nun eine Gelegenheit, seine Brüder und Schwestern, die Siegfried getötet hatte, zu rächen. Und dieses Lindenbäumchen war derselben Meinung wie Mime, der

Schmied, nämlich, dass das Kräftige, das Rohe, das Brutale nur mit dem Feinen besiegt werden kann. Darum ließ es, als sich Siegfried im Drachenfett wälzte, ein Blatt fallen, ein einziges Blatt. Das torkelte und schwankte durch die Luft, wurde von einem Windhauch noch einmal gehoben und legte sich schließlich auf Siegfrieds Rücken. Und dort blieb es liegen. Und das Drachenfett rann über das Blatt, und als das Fett getrocknet war, fiel das Blatt ab.

Wo das Blatt auf Siegfrieds Rücken gelegen hatte, dort war die einzige Stelle, an der Siegfried verwundbar war. Und diese Stelle war ausgerechnet über seinem Herzen.

꙳ ꙳ ꙳

Nichts ist so verführerisch wie der Anblick von Souveränität. Dass jemand sein Metier beherrscht, die Dinge bändigt, der Materie seinen Willen aufzwingt, Hand anzulegen weiß, dem rohen Stoff Gestalt gibt, geschickt noch jedes Detail formt, ruft unsere Bewunderung hervor. Solche Souveränität kommt aber nicht von ungefähr, und sie ist stets auch gefährdet.

Es ist noch kein Meister vom Himmel gefallen. Auch Siegfried nicht, der in die Welt ausziehen wollte und nicht wusste, wann und wo die Welt beginnt. Die Welt –

das muss in mythischen Zeiten so etwas gewesen sein wie heute die Zukunft. Alle wollen dorthin, bereiten sich vor, machen sich fit, erwarten sie sehnsüchtig, hoffen und bangen und wissen doch nicht, ob sie nicht schon längst begonnen hat. Ohne auch nur zu ahnen, wo die Welt beginnt, ist Siegfried, ganz reiner Tor, längst in dieser und lernt seine erste Lektion. In der Welt hat man Hunger, und um den Hunger zu stillen, muss man arbeiten. Was aber ist Arbeit? Die naive Frage des jungen Siegfried ist so naiv nicht. Denn er wird ja nicht nur mit der Tatsache konfrontiert, dass der Mensch sich seine Nahrung erst beschaffen muss, sondern er wird mit dem Mysterium der Arbeitsteilung bekanntgemacht. Dass man, um einen Schweinsbraten zu essen, nicht Schweine schlachten muss, sondern auch Schwerter schmieden kann, muss man erst einmal begreifen.

Siegfried begreift schnell. Und er ist fügsam. Er will arbeiten. Und er will lernen, wie dies zu bewerkstelligen ist. Er geht bei Mime in die Lehre. Und Mime ist ein Meister seines Fachs. Mime testet zuerst einmal die Anlagen, die Siegfried so mitbringt. Es sind rohe Kräfte, aber in einem ungeheuren Ausmaß. Siegfried ist das, was man heute ein Talent nennen würde. Ein Talent der Schmiedekunst. Talente beeindrucken weniger durch das, was sie können, sondern durch das, was sie können könnten. Die ungeheure Kraft, die in Siegfried steckt, mag erstaunlich sein, aber sie ist nichts weiter als roh. Und das Rohe, das Grobe, so die tiefe Weisheit des Schmieds, muss durch das Feine erst gebändigt werden. Darin liegt die doppelte Meisterschaft des Meisters: Er hat seine Kraft gebändigt, und er weiß, wie man Kräfte bändigt.

Siegfried lernt. Er lernt rasch, sehr rasch, und bekommt eine Aufgabe, mit deren Bewältigung er sein Gesellenstück abliefern soll. Die Prüfung, die sich Mime ausgedacht hat, stellt eine ungeheure Überforderung dar. Der Meister verlangt schier Unmögliches von seinem Lehrling. Mime verletzt damit ein Grundgesetz moderner Pädagogik, die ja empfiehlt, den Horizont und die Interessen des Kindes oder Jugendlichen nur ja nie zu überschreiten und sie nicht mit Ansprüchen zu konfrontieren, die sie nicht erfüllen können. Mime denkt hier anders, und man muss sich fragen, warum. Weiß er, dass dieses Talent sich nur entfalten kann, wenn man es vor schier unlösbare Probleme stellt? Oder stellt er unlösbare Aufgaben, um dem Talent zu beweisen, dass es so talentiert doch nicht sei und an die Meisterschaft des Meisters noch lange nicht heranreicht? Kann sich ein Talent nicht erst dann richtig entfalten, wenn ihm eindringlich und schmerzhaft seine Grenzen aufgezeigt werden?

Natürlich kann auch Siegfried die Aufgabe, die voll von Widersprüchen ist, nicht auf Anhieb lösen. Er muss üben, probieren, mit Rückschlägen fertigwerden, er muss an sich zweifeln und darf doch nicht aufgeben. Mime tadelt nicht, aber er weist Siegfried darauf hin, dass noch mehr zu tun ist; dass es noch nicht genügt. Wieder ein pädagogischer Fehler. Lehrer heute müssen immer loben, alles, was jugendliche Talente von sich geben, wird akklamiert, jeder soll nur mehr an seinen eigenen Möglichkeiten gemessen werden und nicht an einer Aufgabe, an der er auch scheitern könnte. Siegfried jammert nicht, und er scheitert auch nicht. Er macht das Unmögliche möglich und schmiedet ein Netz, so fein, dass es so gut wie unsichtbar ist, so fest, dass es so gut wie unzerreißbar ist. Mime ist erstaunt, als hätte er das nicht erwartet, aber er erweist sich in dieser für ihn prekären Situation als wahrer Meister: Er erkennt die Überlegenheit des ehemaligen Lehrlings an, schenkt ihm das bravourös gefertigte Gesellenstück. Der Meister weiß: Er hat seinen Meister gefunden. Und diese Einsicht gehört zur Dialektik von Meisterschaft überhaupt. In ihrem Begriffe liegt es, dass sie überboten werden kann.

Den anderen Gesellen fehlt diese Größe des Meisters. Sie sind nur Gesellen und können sich deshalb Emotionen wie Neid und Missgunst leisten. Sie schicken den noch immer naiven und gutgläubigen Siegfried in die sprichwörtliche Höhle des - nein: nicht Löwen, sondern Drachen, in der er, so die Hoffnung, schon umkommen wird. In dieser Situation erweist sich, dass das Netz, das Siegfried schmieden musste, nur um einem wahnwitzigen Anspruch zu genügen und ohne dass man dem irgendeinen praktischen Sinn unterstellen konnte, nun zu einer hilfreichen Waffe werden wird. Dezent, aber deutlich macht der Mythos darauf aufmerksam, dass die moderne Bildungspolitik in die Irre geht, wenn sie glaubt, immer schon vorweg den Nutzen und die Anwendbarkeit einer Sache oder Fähigkeit, die vermittelt werden soll, angeben zu müssen. Bei Siegfrieds Netz ging es um die Demonstration einer virtuosen Handhabung von Material, um die Perfektionierung handwerklicher Geschicklichkeit, um den Beweis, etwas zu können, von dem niemand glaubte, dass man es können kann. Um Nutzen und Anwendbarkeit ging es nicht. Jetzt aber, in der Not, erweist sich das Nutzlose als höchst nützlich.

Siegfried kämpft gegen den Drachen, macht aus dem Spiel aber erst dann Ernst, als er merken muss, dass es dem Drachen von Anfang an ernst gewesen war. Er bewirft das Ungeheuer mit Bäumen, fängt es mit seinem Netz, verbrennt es und badet sich in dem Fett – nicht in dem Blut –, das das sterbende Tier ausschwitzt. Er wird dadurch unverwundbar, aber das Lindenblatt, das sich aus Rache für die ungestüm ausgerissenen Bäume auf seiner Schulter niederlässt, markiert jene Stelle, an der der Unverwundbare dann einmal tödlich verwundet werden wird. Das Zarte wird nicht nur das Rohe bändigen, es wird sein Ende besiegeln. Siegfried, der sich seinem Meister überlegen erwiesen hat, ist selbst nie zum Meister gereift.

Geben wir es zu: Unserer Kultur ist Meisterschaft suspekt geworden. Etymologisch gesehen leitet sich der *Meister* vom lateinischen *magister* ab, dem Lehrer, genauso wie übrigens der englische *master*. Es war deshalb auch Ausdruck einer besonderen Sprach- und Geschichtsvergessenheit, dass in Mitteleuropa im Zuge der Bologna-Reform der akademische Titel »Magister« durch den »Master« ersetzt wurde – kein Zeichen bildungspolitischer Meisterschaft. Aber diese wird auch nirgendwo mehr angestrebt. Die Bedeutungslosigkeit, in der das Handwerk in der Industriegesellschaft versunken ist, hat auch die Idee von Meisterschaft nachhaltig korrumpiert. Diese war, wenn nicht ausschließlich an das Handwerk, so doch an die Beherrschung eines Metiers geknüpft, das an eine bestimmte Lehrzeit, an Zeiten des Übens und Perfektionierens, an Zeiten der Vervollkommnung gebunden war.

Industrialisierung und noch mehr die Automatisierungstendenzen der Digitalisierung bedeuten, dass keine Meisterschaft und keine Lehrzeiten mehr vonnöten sind, dass jeder aus dem Stand und auf Anhieb im Grunde alles kann, weil alles ohnehin wie von selbst geschieht. Der amerikanische Soziologe Richard Sennett hat versucht, dem Handwerk und damit der Meisterschaft wieder seine Würde zurückzugeben, allerdings ohne große Resonanz. Zu sehr erinnert der Meister an ein Anforderungsprofil, das uns unzeitgemäß erscheint. Es entspricht weder den egalitären Ansprüchen der Massendemokratie noch den Arbeitsbedingungen in der digitalen Welt. In dieser drückte man Siegfried ein Smartphone in die Hand, das er nach zwei Minuten beherrschte. Gut, dass es keine Drachen mehr gibt, für die ein Smartphone wohl keine große Herausforderung darstellte.

Am längsten hat sich der Meister und damit die Idee der Meisterschaft vielleicht in den Künsten gehalten. Einen Dirigenten dürfen wir noch ohne zu erröten mit *Maestro* – der sich ebenfalls vom Magister herleitet –

ansprechen, aber an vielen Kunsthochschulen wurden die Meisterklassen schon längst abgeschafft. Der pädagogische Geist unserer Zeit gefällt sich überhaupt darin, die lehrende Funktion des Lehrers und damit die Meisterschaft des Meisters systematisch zu entwerten. Wer im Lehrer und Meister nur noch den Begleiter, den Coach, den Trainer, den Animateur, den Berater sieht, wer davon ausgeht, dass im Prinzip alle alles allein lernen können und bestenfalls dabei ein wenig soziale und kommunikative Unterstützung brauchen, wer überzeugt davon ist, dass Wissen und Können durch Kompetenzen ersetzt werden müssen, der kann der Idee von Meisterschaft nichts abgewinnen. Es spricht dann auch niemand davon, dass es jemand in einer Kompetenz - etwa in der Team-, Sozial- oder Selbstkompetenz - zu einer Meisterschaft gebracht hätte.

Im Gegensatz zur herrschenden Ideologie, dass es genüge, durch Beseitigung sozialer Barrieren das Talent in jedem Kind zum Blühen zu bringen, geht die Idee der Meisterschaft davon aus, dass es einer kundigen Anleitung, dass es eines Vorbildes, dass es einer manchmal auch demütigenden Lehrzeit, dass es auch einer hohen Frustrationstoleranz bedarf, um in einer Sache Wissen und Können, Geschicklichkeit und Souveränität, Erfahrung und Neugier, Virtuosität und Gespür für das Angemessene in einer sinnfälligen Weise zu vereinen. Der Weg zur Meisterschaft ist, auch für solche Ausnahmetalente wie Siegfried, immer ein beschwerlicher Weg gewesen, immer eine Arbeit am Gegenstand und an sich selbst. Diese Arbeit wollen wir jungen Menschen gerne ersparen, weshalb der Meister generell unter Verdacht geraten musste. »Meisterdenker« etwa ist heute zu einer abwertenden Bezeichnung geworden.

Es mag schon sein, dass eine moderne Welt, die darangeht, Arbeit überhaupt den Automaten und Robotern zu überlassen, der Meisterschaft nicht mehr in dem Maße bedarf wie eine Kultur, in der das Handwerk und die Künste dominierten. Man sollte sich aber auch bewusst sein, was durch den Verzicht auf diese Konzeption an Gestaltungsmöglichkeit in einem materiellen, intellektuellen und sozialen Sinn verlorengeht. Natürlich: Wird der Meister zum Guru, zum Propheten, zum Verführer, der nur noch autoritär Autorität beansprucht, ist höchste Vorsicht geboten. Bleibt der Meister aber, wie Mime, dem hier ein spätes Denkmal gesetzt werden soll, sich seiner Grenzen bewusst, bleibt er in der Forderung und Anforderung demütig gegenüber dem Gegenstand, dem er sein Können widmet, und gegenüber dem Schüler, dem er sein Können weitergibt, dann ist der Verlust von Meisterschaft ein Verlust von Kultur. Am Ende gilt doch die mahnende Rede von Richard Wagners Hans Sachs: *Verachtet mir die Meister nicht*.

MACHT

Hiob

Luzifer – das wissen wir – hat bei seinem Höllensturz ein Stück vom lebendigen Himmel mit sich gerissen, und dieses Pfand gibt ihm die Erlaubnis, von Zeit zu Zeit in den Himmel zu steigen und sich mit Gott zu unterhalten – nie lange genug freilich, um ihm alles zu sagen, was er ihm gern sagen würde.

Und einmal war er wieder unterwegs hinauf und ließ sich begleiten von den Gottessöhnen – die unverständlicherweise so heißen; als könnten wir uns vorstellen, dass die Söhne Gottes tatsächlich so böse, so grausam, so unerbittlich wären, wie über die Gottessöhne in der Schrift erzählt wird.

Und Luzifer fragte Gott: »Bist du zufrieden? Bist du zufrieden mit deinen Geschöpfen? Mit den Menschen?«

Und Gott sagte: »Bist du wieder gekommen, um mir Fragen zu stellen? Kommst du immer nur, um Fragen zu stellen?«

»Und du?«, sagte Luzifer. »Willst du meine Fragen immer nur mit Gegenfragen beantworten?«

Aber dann erzählte er, denn viel Zeit war ihm nicht gegeben. Der Teufel hat wenig Zeit, und er weiß es – so heißt es.

»Ich bin über die Erde gegangen, über deine Erde«, erzählte er. »Und da hast du mir leidgetan. Ich dachte mir, was hat er doch Wunderbares erschaffen, die Berge, die Flüsse, die Auen, die Wälder, den Weizen und die Früchte auf den Bäumen, die Blumen, die Gerüche des Frühlings, die Reinheit des Schnees – und all das weiß sein Liebling, der Mensch, nicht zu schätzen.«

»Was meinst du damit?«, fragte Gott.

»Sie sind böse, die Menschen«, sagte Luzifer. »Sie achten deine Gebote nicht, sie scheren sich nicht um deine Verbote, sie beten nicht zu dir, sie opfern dir nicht mehr, sie denken nicht einmal an dich. Und es hat den Anschein, als gehe es ihnen gut damit, als fehlte ihnen nichts. Deine Abwesenheit schmerzt sie nicht mehr, deine Werke begeistern sie nicht mehr. Sie sündigen, und kein Blitz fährt vom Himmel. Sie betrügen und werden dafür nicht bestraft, im Gegenteil, der Richter gibt ihnen recht, und was sie gestohlen haben, dürfen sie behalten.«

»Nicht alle sind so«, sagte Gott. »Schau dir meinen Knecht Hiob an im Lande Uz, der ist fromm und rechtschaffen, gottesfürchtig, und er meidet das Böse. Sieben Söhne und drei Töchter hat er gezeugt und hat sie zu guten Menschen erzogen. Sie lieben und ehren einander und helfen einander, wenn einer den anderen braucht.«

»Dein Knecht Hiob«, höhnte Luzifer, »der ist die Ausnahme, da gebe ich dir recht. Aber es geht ihm ja auch gut. Er kann sich nicht beklagen. Siebentausend Schafe besitzt er, dreitausend Kamele, fünfhundert Rinder, fünfhundert Eselinnen und Gesinde ohne Zahl. Warum sollte er jammern? Warum sollte er sich von dir abwenden, solange du deine Hand über ihn hältst?«

»Du bist der Herabsetzer«, schalt ihn Gott, »du machst das Große klein, im Guten siehst du nur das Berechnende, und Treue knüpfst du an Geschenke.«

»Ich habe nur Fragen gestellt«, sagte Luzifer. »Und ich frage weiter, ob Hiob wohl der Treueste der Treuen wäre, wäre er nicht auch der Reichste der Reichen.«

Und Gott verließ den Hiob und übergab ihn dem Teufel. Er wollte seinen Knecht prüfen. »Schlag ihn«, sagte er. »Schlag ihn mit Unglück! Ihn selbst aber verschone!«

Da war Luzifers Zeit im Himmel abgelaufen, er kehrte zurück – zur Erde. Und richtete Schaden an.

Es war Abend, und Frieden herrschte im Haus des Hiob, als ein Bote geritten kam. Mehr fiel er vom Pferd, als dass er herunterstieg, weinend schleppte er sich zur Tür seines Herrn. Er war einer der Hirten.

»Die Sabäer«, rief er, »die Sabäer sind über uns hergefallen, sie haben die trächtigen Eselinnen und die Rinder gestohlen, und als wir uns wehrten, haben sie einen nach dem anderen erschlagen, nur mich haben sie am Leben gelassen, damit ich dir berichte!«

Und der Bote hatte noch nicht ausgesprochen, da kam schon ein zweiter geritten, auch er am Ende seiner Kraft, fiel vor Hiob nieder und brauchte lange, bis er sprechen konnte: Feuer sei vom Himmel gefallen, nie und nirgends sei von Ähnlichem berichtet worden, auf die Schafherde sei das Feuer gefallen, und als die Knechte gelaufen kamen, um die Tiere zu retten, habe das Feuer auf die Menschen übergegriffen, alle tot, alle seien verbrannt, er allein sei davongekommen, um zu berichten.

Und das Schlimmste ist nicht das Schlimmste, denn hinter dem Schlimmsten lauert immer noch ein Schlimmeres. Ein dritter Bote kam.

»Deine Kinder, Hiob«, schluchzte er, »deine Söhne, deine Töchter, sie saßen beisammen, so fröhlich, wie du es immer gerne gesehen hast, weil es ein großes Glück ist, wenn sich die Kinder lieben und ehren. Deine lieben Kinder, Hiob, sie leben nicht mehr. Ein Sturm kam auf und fuhr über das Haus und brachte es zum Einsturz, sie konnten sich nicht retten, alle tot, nur ich bin entkommen, der ich mitten unter ihnen war, als wäre es der Wille des Sturms, dass ich dir berichte!«

Weithin hat man Hiob schreien hören. Er zerriss sich das Gewand und weinte und schrie, er schnitt sich das Haar vom Kopf und warf es von sich und sank auf die Knie und betete:

»Nackt bin ich aus dem Mutterleib gekommen, nackt kehre ich zurück. Der Herr hat gegeben, der Herr hat genommen, der Name des Herrn sei gepriesen.«

Aber Hiob sündigte nicht, wie es andere getan hätten, denn auch wenn er glaubte, dass Gott ihm all das Elend geschickt hatte, wollte er sich doch nicht gegen ihn vergehen.

Aber nicht Gott hat ihm all das Elend geschickt, sondern Satan. Er hat es zwar mit Gottes Einwilligung getan, aber getan hat er es und nicht Gott.

Und dann nahm Luzifer wieder seinen Fetzen vom lebendigen Himmel, versammelte wieder die bösen Gottessöhne um sich und stieg abermals zum Himmel hinauf.

»Mein Knecht Hiob«, sagt Gott, »er ist fromm und rechtschaffen, gottesfürchtig, und er meidet das Böse. Du hast ihm alles genommen, was er liebt, und ich habe dich gewähren lassen. Sein Leben ist zerstört, aber er ist mir treu geblieben. Er ist immer noch fromm, rechtschaffen und gottesfürchtig, und er meidet nach wie vor das Böse.«

»Ich habe sein Leben zerstört?«, fragt Luzifer.

»Du hast ihm alles genommen.«

»Aber«, triumphiert Satan, »aber ihn habe ich gelassen, nicht angerührt habe ich ihn. Ein bisschen gejammert hat er, gut. In Wahrheit schert er sich nicht um die anderen. Hauptsache, er ist heil. Jeder andere wäre verrückt geworden bei dem Unheil, das ich ihm geschickt habe. Jeder andere wäre daran gestorben. Er nicht. Ist er verrückt geworden? Ist er gestorben? Nein. Die Haare hat er sich geschnitten. Die anderen – die sind ihm gleichgültig! Selten ist mir ein solcher Egoist begegnet, und glaube mir, viele sind mir begegnet!«

Wie er lacht, der Teufel, dieser Teufel! Wie er es versteht, das Ansehen des Hiob zu beschädigen, aus dem frommen Mann einen Abgefeimten zu machen! Wie er es versteht, den Zweifel im Herzen des Höchsten zu entfachen, dieser Meister des Zweifels und der Zwietracht!

»Gut«, sagt Gott, »schlag ihn! Ich gebe ihn ganz in deine Hand. Nur sein Leben schone.«

»Das will ich«, sagt Satan. »Wie sollten wir denn sonst feststellen, wer von uns beiden die Wette gewonnen hat?«

Er schickte dem Hiob den Aussatz. Die Haut platzte ihm auf, fauler Saft rann heraus, gemischt mit Eiter, und ein Geschwür brachte zwei neue Geschwüre hervor, und bald war kein Daumenabdruck Platz mehr auf seinem Körper, der nicht vergiftet war und schmerzte, als hätten sich Messer und Feuer verbündet. Der Gestank seiner Haut war unerträglich, und seine Frau sagte, sie könne nicht mehr unter einem Dach mit ihm leben. Da vergrub sich Hiob im Misthaufen, schaufelte sich den Dreck der Tiere bis zum Hals und weinte und flehte zu Gott um die Gnade, sterben zu dürfen.

Freunde besuchten Hiob. Sie banden sich Tücher vor das Gesicht, um nicht angesteckt zu werden, um ihn nicht riechen zu müssen.

»Was hast du getan?«, fragten sie. »Was hast du Böses getan, dass Gott dich so straft?«

»Was habe ich getan?«, rief auch Hiob. »Ich habe Gottes Gesetze befolgt, so gewissenhaft, wie es mir möglich war. Wenn ich einmal gefehlt habe, habe ich bereut und den Schaden wiedergutgemacht. Dem Bettler habe ich gegeben, dem Dieb habe ich verziehen, euch Freunden habe ich geholfen, wenn ihr mich gebeten habt.«

Das mussten ihm die Freunde bestätigen. »Aber«, sagten sie, »der Mensch sündigt nicht nur im Sichtbaren, er sündigt auch heimlich in seinem Herzen. Sein Gesicht lächelt, aber seine Seele ist verzerrt von Hass und Neid und Eifersucht und Eitelkeit. Hast du deine Seele genügend erforscht? Gott straft den Treuen nicht und auch nicht den, der Almosen gibt, er straft den Geizigen, den Unnachgiebigen, den Bösen, und Gott kann in die Herzen der Menschen sehen.«

»Ich habe nie Neid empfunden«, beteuerte Hiob, »nie Rachsucht, nie Schadenfreude.«

»Dann wissen wir, was dein Fehler ist«, sagten die Freunde. »Du bist ein Lügner. Du lügst uns an. Du verheimlichst uns deine Laster, du verschweigst uns deine Sünden. Es kann nicht sein, dass Gott den Gerechten mit so viel Unglück schlägt.«

Die Freunde verließen Hiob, die Gutmütigen schüttelten den Kopf, die anderen fluchten ihm nach, denn sie glaubten, in diesem Fall ungestraft fluchen zu dürfen.

Hiobs Frau kam. »Was tust du?«, fragte sie.

»Ich bete«, sagte er.

»Bete nicht mehr!«, sagte sie. »Ich bete nicht mehr.

Wer mir alles nimmt, was ich liebe, zu dem bete ich nicht. Tu wie ich! Fluche auf ihn!«

Aber Hiob fluchte nicht auf Gott. Er betete weiter. Aber er fragte nun doch: »Warum tust du mir das an?« Und er rief: »Gott, gib mir Antwort!«

Und Gott gab ihm Antwort. Vom Himmel herunter sprach er zu Hiob. Und seine Worte waren nicht freundlich.

»Wer bist du, dass du meinst, dich beschweren zu können? Wer bist du, dass du glaubst, dein Leid gegen meine Schöpfung aufrechnen zu können? Hast du eine Ahnung, was für ein Wunderwerk die Welt ist? Hast du sie erschaffen? Hast du dir jemals über den Lauf des Wassers Gedanken gemacht? Weißt du, wie der Regen entsteht? Weißt du, wie die Schwerkraft wirkt, die das Wasser von den Bergen über die Flüsse ins Meer zieht? Meinst du, du kannst den Leviathan fangen, wie du einen Fisch fängst mit der Angel? Und dass er dich dann um Gnade bittet und sich bei dir einschmeichelt, glaubst du das? Dass du zuletzt sein Herr bist? Wer kann das? Wer ist wie Gott? Willst du dich vor mich hinstellen und Auge in Auge mit mir verhandeln?«

So sprach Gott mit Hiob.

Da neigte Hiob sein Haupt und sagte still: »Du hast recht, ich bin gar nichts. Was kann ich dir antworten?

Ich lege meine Hand auf meinen Mund und sage nichts mehr. Ich will nie wieder klagen.«

Da wischte Gott den Aussatz von Hiobs Haut und machte ihn gesund und stark und stärker, als er je gewesen war, und er gab ihm eine neue Frau, und die brachte ihm sieben Söhne zur Welt und drei Töchter, und Gott ließ ihn noch lange leben, so dass er Gelegenheit hatte, neuen Besitz zu erwerben, und das war mehr, als Hiob je gehabt hatte.

Nichts ist so verführerisch wie eine Wette auf die Zukunft. Wird die Lieblingsmannschaft gewinnen oder verlieren? Werden die Preise fallen oder steigen? Wird das Unternehmen prosperieren oder untergehen? Wird die Kugel weiterrollen oder auf der gesetzten Zahl stehenbleiben? Unsere Kultur wird immer mehr eine Kultur der Wette, und der Einsatz ist hoch. Manchmal zu hoch.

Alles begann mit einer – moralisch höchst prekären – Wette. Gott und der Teufel setzen auf die Versuchbarkeit des Menschen. Ist Hiob nur deshalb treu im Glauben, weil Gott seine schützende Hand über ihn hält? Sind Glaube und Treue Kosten-Nutzen-Kalküle, wie

Satan behauptet, oder kann ein Mensch fest in seinem Glauben zu Gott sein, was immer dieser ihm auch zumutet? Die Vorstellung, dass Gott mit Satan, dem Widersacher, eine Wette abschließt, ist faszinierend. Goethe hat diese Wette zum Vorbild für den »Prolog im Himmel« in seinem *Faust* genommen. Im Gegensatz zu Faust aber, der dadurch in Versuchung geführt wird, dass ihm Mephisto all das verspricht, was ihm das Leben verwehrt – Erkenntnis, Macht, Jugend, Genuss, Reichtum, Sex –, wird Hiob in Versuchung geführt, indem ihm alles genommen wird: sein Reichtum, sein Ansehen und sogar seine Kinder. Doch Hiob bleibt unerschütterlich in seiner Frömmigkeit, so dass die Wette modifiziert werden muss: Satan darf Hiob selbst angreifen, nur sein Leben muss er schonen. Hiob wird mit grausamen und ekelerregenden Krankheiten geschlagen, aber seine Klage steigert sich erst in dem Moment zur Anklage, in dem er von Freunden und Bekannten zu einer Reflexion über den Sinn seines Leidens gezwungen wird. Erst in der Auseinandersetzung mit seinen Gesprächspartnern, erst in deren perennierenden Zumutungen, dass er sein Leiden akzeptieren müsse, weil es schon einen Sinn haben werde, beginnt er mit seinem Gott zu hadern, versucht, ihn zur Rede zu stellen.

In Zorn und Verzweiflung gerät Hiob durch ein Argument seiner Freunde, das er nicht verstehen und akzeptieren kann. Es ist ein Argument, das bei der Verteidigung und Erklärung des Bösen in einem religiösen Kontext von enormer Bedeutung ist: dass Gott nichts unüberlegt tut und dass die Anzeichen des Leides, das einem Menschen auferlegt wird, eine Form von Strafe seien. Wer leidet, erkrankt, wem Unglück geschieht, wem die Familie, der Besitz geraubt wird, hat es letztlich sich selbst zuzuschreiben. Nicht Gott ist böse, der das zulässt; derjenige, der etwas erleidet, wird irgendwann einmal etwas Böses getan haben! Dagegen, und nicht gegen sein Leid an sich, verwehrt sich Hiob. Er kann nicht akzeptieren, dass sein Elend als Strafe für einen Frevel aufgefasst werden kann, den er seines Wissens nicht begangen hat. Wenn es stimmt, dass Gott nicht unrecht richtet, möchte Hiob, wie jeder Angeklagte, wissen, was ihm eigentlich vorgeworfen wird, denn er ist sich keiner Schuld bewusst. Vor allem dieses Gefühl, ungerecht behandelt worden zu sein, motiviert Hiobs Protest. Er fühlt sich einer unbegreiflichen Gewalt ausgesetzt, die all seinem Rechtsempfinden Hohn spricht.

Nun gut, Gott stellt sich Hiob. Aber nicht, um ihn über sein erbarmungswürdiges Schicksal aufzuklären, sondern um ihm seine absolute Macht zu demonstrieren. Und mit unzähligen Beispielen aus der Gewalt seiner Schöpfung, nicht zuletzt mit dem furchtbaren Urtier Leviathan, demonstriert Gott dem klagenden Menschen, dass dieser, weil klein, ohnmächtig und unbedeutend, kein Recht zur Klage habe. Nein, Hiob kann weder die Bande des Siebengestirns schnüren, noch den Gürtel des Orion lösen, schon gar nicht kann er den schrecklichen Leviathan fangen und bändigen. Angesichts dieser Demonstration göttlicher Souveränität muss Hiob zerknirscht seine Schuld eingestehen, die in der Hybris bestand, geglaubt zu haben, unschuldig zu sein und deshalb Gott herausfordern zu dürfen.

Wer die Wette gewonnen hat, Gott oder der Satan, bleibt übrigens offen. Wie später Goethe vermeidet es auch hier der Erzähler, die Eingangsszenerie noch einmal zu zitieren und das logisch zwingende abschließende Gespräch zwischen Gott und Satan, den eigentlichen Protagonisten der Geschichte, zu skizzieren. Und wie auch bei Goethe gäbe es für beide Gründe, den Gewinn der Wette einzuklagen: Hiob hat mit Gott gehadert, er hat sogar seine Schuld eingestanden, aber er ist letztlich nicht von Gott abgefallen. Dass ihm alles doppelt wiedergegeben wird, muss übrigens nicht bedeuten, dass er die Prüfung bestanden hat. Es könnte sich darin auch das schlechte Gewissen Gottes ausdrücken, sich überhaupt auf das satanische Spiel eingelassen und Hiob in Versuchung geführt zu haben. Die Christen wissen schon, was sie tun, wenn sie beten: *Und führe uns nicht in Versuchung*. Und eines darf auch nicht vergessen werden: Gott hat Hiob gegenüber nicht argumentiert oder erklärt, sondern mit seiner Gewalt, seiner Macht und seiner Unbegreiflichkeit gedroht. Hiobs Zustimmung und Zerknirschung gleicht eher einer Kapitulation denn einer Einsicht. Recht wurde hier nicht gesprochen, der Gerechtigkeit nicht genüge getan.

Die Geschichte ist außerordentlich wirkmächtig geworden. Eine der zentralen Fragen der europäischen Philosophie und Theologie ist hier präformiert: Wie lässt sich ein guter Gott angesichts der Übel dieser Welt rechtfertigen? Es ist also, und diese Fragestellung wird die sogenannte Theodizeedebatte überhaupt bestimmen, nicht das Leid, das empört, sondern die Frage nach dem womöglich selbstverschuldeten Sinn von Leid. In dem Maße, in dem Leid in einen kausalen Zusammenhang zur Lebensführung gesetzt wird und diese untadelig erscheint, wird das Leid nicht nur als sinnlos, sondern auch als ungerecht empfunden. Erst unter diesen Voraussetzungen kann Hiob mit seinem Gott einen Rechtsstreit anfangen.

In unterschiedlichsten säkularisierten Formen dominiert dieses Modell den Diskurs des Leidens bis heute. Untrennbar ist die Frage nach dem Sinn des Leidens mit seiner Kausalität verknüpft: Wer trägt daran die Schuld? In Zeiten, in denen kein Gott mehr als Adressat einer Klage zur Verfügung steht, bleibt dem Menschen nichts anderes übrig, als sich selbst zur Verantwortung zu ziehen und dem Leid, der Krankheit einen Sinn zu verleihen, was auf eine Selbstkommunikation hinausläuft. Die Symptome einer Krankheit erscheinen dann als Signale des Körpers oder der Seele, denen zu wenig Beachtung geschenkt wurde, als Resultate einer verdrängten oder missachteten Erfahrung, die der Erinnerung und Bearbeitung harrt, als Ergebnis einer verfehlten Lebensweise, die korrigiert werden muss, oder diese Symptome sind überhaupt Konsequenz einer sozialen Situation, die es erlaubt, den anonymen Anderen, die Gesellschaft, die nun an die Stelle Gottes getreten ist, anzuklagen.

Gottes harsche Zurechtweisung Hiobs birgt allerdings noch ein anderes Problem für den modernen Menschen. Gott demonstriert als Schöpfer des Weltalls und all seiner schrecklichen Bewohner, dass Hiob sich überhaupt nicht anmaßen kann, den Sinn seines Schicksals zu dechiffrieren, da er nicht imstande ist, das Ganze zu erfassen. Dieser Gedanke wird übrigens in der Neuzeit zu einem zentralen Argument der Theodizee werden: Nur wer die Schöpfung in ihrer Totalität erfasste, könnte Auskunft über den Sinn der Übel in diesem System geben. Dem Menschen ist die Einsicht in diese Totalität aber verwehrt.

Tatsächlich verliert dieses Argument mit der zunehmenden realen Selbstermächtigung des Menschen an Plausibilität. Die wissenschaftlich-technische Erkenntnis, Beherrschung und tendenzielle Neuschaffung der Natur lassen nicht nur die Macht Gottes objektiv verblassen, sie machen, auch wenn das paradox klingt, die Klage des Menschen dringlicher und plausibler. Die Natur ist nicht mehr das Rätsel, mit dem Gott seine Macht demonstrieren kann. Ein moderner Hiob könnte, mit Verweis auf seine eigene Erkenntnis- und Schöpferkraft, Gott sehr wohl zur Rede stellen. Wer – der Philosoph Günther Anders hat eindringlich darauf hingewiesen – durch den Bau der Atombombe *ex negativo* allmächtig geworden ist, weil er nun diese Erde und alles Leben auf ihr in einem Augenblick vernichten kann, hat gewissermaßen mit Gott gleichgezogen. Gerade aus diesem Grund aber, weil er sich von Gott keine verblüffende Demonstration einer unendlichen Kraft mehr erwarten kann, ist der Mensch gezwungen, die Klage an sich selbst zu richten.

Abgesehen davon aber verdeutlicht das Gespräch zwischen Gott und Hiob einen Aspekt des menschlichen Daseins, der an dieser Geschichte selten thematisiert wird: die Macht. Gott tritt dem Menschen als absolute Macht entgegen. Wodurch ist diese gekennzeichnet? Dass es ihr gegenüber keine Rechtsansprüche gibt. Diese Macht ist willkürlich, Hiob wird ihr Opfer. Es war eine Laune Gottes, sich mit Satan auf eine Wette einzulassen, deren Gegenstand – Hiob und seine Treue im Glauben – keine Möglichkeit hat, sich dagegen zu verwehren. Die göttlich-teuflische Wette ähnelt jenen Wetten, die etwa an den Börsen der Metropolen auf das Steigen oder Fallen von Nahrungsmittelpreisen abgeschlossen werden. Der Spekulant, der gewinnt, weil die Preise steigen, hat sein Vermögen vervielfacht; diejenigen, denen nun die Nahrung zu teuer geworden ist, müssen hungern und sterben. Und sie wissen nicht, warum.

Absolute Macht kennt keine Gerechtigkeit und kein Recht, nur Willkür und Gewalt. Was aber, wenn es gelingt, diese Macht zu binden und zu bändigen? Es ist kein Zufall, dass der bedeutendste Macht- und Staatstheoretiker der Neuzeit, Thomas Hobbes, seinem Hauptwerk den Titel *Leviathan* gegeben hat. Der Name dieses Untiers findet sich nur in der Erzählung von Hiob. Hobbes vertrat die These, dass sich die Menschen im Urzustand in einem Krieg aller gegen alle befänden, einer des anderen Wolf sei, und zwar aus einem einfachen Grund: weil alle Menschen gleich seien, das Gleiche begehrten und deshalb miteinander darum kämpfen müssten. Gleichheit, so Hobbes, bedeutet vorerst einmal nicht Frieden, sondern Krieg. Wären wir ungleich, kämen die Bedürfnisse der einen den Bedürfnissen der anderen nicht in die Quere. Vielleicht wäre es besser so.

Unter Gleichen aber kann der Frieden nur zustande kommen, wenn die Menschen auf die Anwendung von Gewalt verzichten und diese an eine Macht delegieren, die stark genug ist, den Frieden zu garantieren – wenn es sein muss, auch durch den Einsatz von Gewalt. Die Idee des Gewaltmonopols des Staates, durch das der innere Frieden und die Sicherheit der Bürger garantiert werden sollen, geht auf Thomas Hobbes zurück. Der Staat aber ist der weltliche Gott, der gebändigte Leviathan, der nun, weil seine Macht geborgt ist, auch zur Rechenschaft gezogen werden kann. Er verwirkt seine Macht, wenn er die Sicherheit nicht mehr gewährleisten kann.

Dem Staat gegenüber – ob dieser als absolute Herrschaft, als Demokratie oder als supranationale Bürokratie erscheint – ist der Mensch immer in einer besseren Lage als gegenüber Gott. Denn der Macht des Staates gegenüber können Rechtsansprüche geltend gemacht werden. Gott gegenüber nie. Deshalb ist die Frage nach einem göttlichen Recht, nach einer durch einen Gott garantierten Rechtsordnung so prekär. Denn göttliches Recht ist in sich ein Widerspruch. Für den Menschen in seiner Ohnmacht sind irdische Rechtsordnungen, wie unvollkommen auch immer, besser als die unbefragbare Macht eines Gottes.

GRENZE

Asklepios

Die Götter stürzten die Titanen, Zeus errichtete seine Herrschaft. Sie sollte ewig dauern. Weit im Westen im Garten der Hesperiden wuchsen Äpfel, wer von ihnen aß, dem konnte der Tod nichts anhaben. Gaia, die alte Erde, machte ihrer Enkelin Hera die Äpfel zum Geschenk, als sie Zeus heiratete. Eifersüchtig wachten von nun an die Götter, auf dass niemand den Garten betrete.

So waren einmal zwei Geschwister, Ixion und Koronis. Ihre Eltern waren Titanen, im Krieg gegen die Götter waren sie gefallen. Ixion war für seine Schwester Bruder und Vater. Er hatte ein hartes Gemüt, heißt es. Er gehörte nicht zu denen, die sich mit den Siegern aussöhnten. Er hasste die Unsterblichen.

Zu seiner Schwester sagte er: »Geh ihnen aus dem Weg! Lass dich auf nichts ein! Provoziere sie nicht! Aber schmeichle ihnen auch nicht!«

Um Koronis eine Mutter zu geben, beschloss Ixion zu heiraten. Sein Onkel Eioneus hatte eine Tochter, die hieß Dia. Sie war sanft und hingabebereit. Zuvorderst sollte sie für Koronis eine gute Mutter sein und dann erst ihm eine Frau. Den Eioneus aber verachtete Ixion; er buckelte vor den Göttern, die so viele seiner Brüder und Schwestern getötet hatten.

Die Hochzeit wurde vereinbart. – Aber dann: Wenige Tage davor kam Eioneus, wand sich, hob die Hände, Ixion werde sicher ungehalten sein, sagte er. »Können wir die Sache um sieben Tage verschieben? Es handelt sich um etwas Innerfamiliäres.«

Ixion lässt sich überreden.

Nach sechs Tagen kommt Eioneus wieder, und wieder kommt er allein. »Dieses Innerfamiliäre«, druckst er herum, »ist sehr kompliziert.« Es liege in Ixions Interesse, wenn die Hochzeit noch einmal verschoben würde. »Um dreißig Tage.«

»Gut«, sagt Ixion. »Aber du sollst wissen, einen weiteren Aufschub werde ich nicht akzeptieren.«

Als Eioneus dann trotzdem einen weiteren Aufschub verlangt, stellt Ixion Erkundungen an. Und dann weiß er es: Eioneus hat seine Tochter einem anderen gegeben. Nur vorübergehend zwar. Aber er hat. Und dieser andere ist eine gute Partie. Die beste. Es ist Zeus persönlich. Der oberste Gott. Zugleich der oberste Feind der Titanen. Für ein billiges Lob hat Eioneus seine eigene

Tochter an einen Gott verschachert! Und hat seinen Neffen betrogen! Ixion ist zornig. Sehr zornig. Aber er schluckt seinen Zorn hinunter.

Dann taucht ein Bote des Eioneus auf. Die »innerfamiliäre Angelegenheit« sei erledigt, die Hochzeit könne endlich gefeiert werden. Ixion versteht: Zeus hat Dia gehabt, jetzt hat er genug von ihr.

»Wenn Eioneus die Hochzeitsgabe will, dann soll er sie bei mir abholen«, läßt Ixion ausrichten.

Ixion hebt eine Grube aus, füllt sie mit glühenden Kohlen und deckt sie ab. Und Eioneus mit Pferd und Wagen bricht ein und kommt in der Glut um.

Niemand findet sich, der Ixion von dieser Schuld reinigen will. Da erbarmt sich Zeus, er schickt Hermes. Der teilt Ixion mit, der Göttervater werde ihn reinigen. Und Ixion nimmt an. Alle Götter auf dem Olymp staunen. Und staunen noch mehr, als Zeus den Titanen darüber hinaus zum Göttermahl einlädt.

An der Tafel der Unsterblichen geschieht das Unfassbare: Ixion greift der Göttermutter zwischen die Beine. Unter dem Tisch. Hera erstarrt. Die Sache ist so ungeheuerlich, dass es ihr die Sprache verschlägt. Als die anderen aufstehen, um Ixion zu verabschieden, bleibt sie sitzen. Sie will mit Zeus unter vier Augen sprechen.

Zeus glaubt ihr nicht. Kein Sterblicher, kein Unsterblicher würde es wagen! Er ruft Hephaistos.

»Sieh dir deine Mutter an«, sagt Zeus. »Kannst du eine Nachbildung von Hera bauen?«

Natürlich kann er das. Die Frage ist: aus welchem Material?

»Aus Wolke«, sagt Zeus.

Hephaistos fängt eine Wolke ein und formt sie, bis sie keiner im Olymp von der Göttermutter unterscheiden kann. Und Wolke-Hera bekommt auch einen Namen: Nephele.

Nun lädt Zeus den Ixion ein zweites Mal in den Olymp ein, und wieder nimmt Ixion die Einladung an. Er hat Zeus gedemütigt und will es noch einmal tun. Strafe fürchtet er nicht.

Wieder sitzen die Götter an der Tafel, wieder ist Ixions Platz zwischen Zeus und Hera. Nach dem Mahl gibt Zeus den Göttern ein Zeichen, sie erheben sich und lassen Ixion und die falsche Hera allein. Ixion stürzt sich auf Nephele und vergewaltigt sie.

Ixion wird in den Tartaros gestürzt. Er wird auf ein brennendes Rad gefesselt. Zuvor aber geben ihm die Götter von den Äpfeln der Hesperiden zu essen, damit er unsterblich wird und seine Qual ewig dauert.

Nephele, die Wolke, ist schwanger, sie bringt die Kentauren zur Welt, Pferde, aus deren Leib Oberkörper und Arme eines Mannes wachsen. Neun von ihnen sind böse, der zehnte ist gut. Das ist das Erbe des Ixion. In allem war er böse, gut war er nur in der Liebe zu seiner Schwester Koronis.

Der gute Kentaur hieß Chiron, niemanden wird man finden, der klüger und freundlicher wäre als er. Er wurde der erste Wissenschaftler, der erste Pädagoge. Seine Forschungen galten dem Menschen, dessen Krankheiten und Gebrechen. Chiron hat die Medizin erfunden. Als Lehrer war er ein Vorbild durch die Jahrhunderte der Antike. Er hat Helden unterrichtet – Jason, Telamon, Herakles, Peleus, Achill.

Nun war Koronis allein. Sie trauerte um ihren Bruder. Aber sie war auch erleichtert. Solange ihr Bruder auf Erden weilte, war sie nicht frei gewesen. Seine Sorge hatte ihr die Welt eng gemacht. Nun sah sie die Welt mit anderen Augen.

Und ihr erster Blick fiel auf einen jungen, hübschen Mann. Und als sie mit ihm Worte wechselte, merkte sie, dass er auch gescheit war. Und dieser junge Mann war mehr als hübsch und gescheit. Er war der Schönste und der Klügste. Sein Name: Apoll.

Koronis verliebte sich in Apoll, und Apoll verliebte

sich in Koronis. Sie dachte nicht mehr an den Rat ihres Bruders, den Göttern aus dem Weg zu gehen.

Apoll war perfekt. Wunderbar, so ein perfekter Mann! Alles kann er besser als andere! Alles weiß er besser als andere! Er kann schöner singen, schöner die Lyra schlagen, schöner reden; er kann höher springen, länger laufen, präziser mit dem Bogen schießen. Was soll ein Mädchen anderes tun, als so einen Mann zu bewundern? Aber Bewundern ermüdet. Dann wird Koronis schwanger. Schwanger von einem Gott! Aber das ändert nichts daran, dass ihr der Nacken wehtut, vor lauter Nicken; immer muss sie nicken, denn alles, was ihr göttlicher Liebster tut und sagt, ist perfekt, man kann dazu nur nicken, nur auf und ab der Kopf, nie hin und her. Es würde dem Nacken guttun, wenn er einmal wenigstens »nein« machen könnte. Und dem Selbstbewusstsein der Koronis würde es guttun, wenn es wenigstens ein Gebiet gäbe, auf dem sie dem Liebsten überlegen ist. So ein Gebiet gibt es nicht. Wenn sie Papierschiffchen falten, faltet Apoll die schöneren, die besser schwimmen, die besser segeln ...

In ihrer Not nahm sich Koronis einen Liebhaber. Wie der hieß, ist nicht überliefert. Ein Durchschnittsmann, wahrscheinlich sogar unter dem Durchschnitt – Glatzenansatz, Spreizfuß, schwitzende Hände, nervös, wortarm, unmusikalisch. Was für ein Glück, auf so vielen Gebieten überlegen zu sein!

Es sprach sich herum. Apoll wird betrogen! Bald wussten es alle – nur er nicht. Aber dann flog ein Vogel daher und setzte sich auf seine Schulter, ein Rabe. Die Raben waren damals weiß, so weiß, wie heute noch die Schwäne sind. Und der Rabe flüsterte dem Gott ins Ohr: »Weißt du schon, weißt du schon, deine Liebste hat sich unter einen anderen gelegt!«

Und Apoll in seiner Eifersucht schrie den Raben an, dass es von den Bergen Griechenlands widerhallte, und vor Angst wurde das Gefieder des Raben schwarz.

»Ich will sie nicht mehr sehen!«, schrie Apoll. Und er wollte, dass sie nicht mehr lebt.

Er bat seine Zwillingsschwester Artemis, Koronis abzuschießen. Die Göttin der Jagd tat es, und sie untersuchte ihre tote Beute und stellte fest, dass sie schwanger war. Die Leibesfrucht lebte noch. »Was soll damit geschehen?«, fragte sie.

Apoll will, dass sie die Leibesfrucht aus dem toten Körper schneidet. Es ist ein Knabe. Asklepios wird er genannt.

Der Lehrer des Asklepios wird Chiron.

Und Asklepios ist sein bester Schüler. Auch er interessiert sich für den Menschen, seinen Leib, seine Seele. Unser Wohl liegt ihm am Herzen. Er ist ein Nachfahre der Titanen, und ein Titan war es, der uns Menschen aus Asche, Lehm und Speichel geknetet hat – Prometheus. »Warum müssen wir sterben?« Diese Frage treibt seine Neugier an. Und die Frage: »Wie können wir den Tod besiegen?«

Asklepios wird ein Heiler. Die Menschen pilgern zu ihm. Asklepios und Chiron werden verehrt wie Götter.

»Nicht mich sollt ihr verehren«, ruft Asklepios den Menschen zu. »Alles, was ich bin, habe ich von meinem Vater, von Apoll!«

Apoll ist geschmeichelt, und die Leistungen seines Sohnes sind ja auch beeindruckend. Sogar Pallas Athene neigt ihr Haupt vor dem Mann. Sie liebt die Klugen, die Mutigen, die sich auf ihre Kraft und ihre Intelligenz verlassen. Auch Hermes nimmt Anteil an der Arbeit des Arztes, er wird »Psychopompos« genannt, der Seelenträger, der die Seelen der Verstorbenen in den Hades trägt; er weiß, welches Leid der Tod dem Menschen zufügt; er hat Sympathie für einen, der die Grenze zwischen Tod und Leben aufheben will.

Und dann gelingt es dem Asklepios. Er ruft einen Toten ins Leben zurück. Was gelten den Menschen nun noch die Götter? Hat ihnen je ein Gott so viel Gutes getan? Sie wenden sich von ihnen ab und wenden sich der Wissenschaft zu.

Apoll schlägt der Götterversammlung vor, seinen Sohn in den Olymp aufzunehmen, ihn kosten zu lassen von den Äpfeln der Hesperiden, ihn unsterblich zu machen. Ein Gott der Medizin!

»Das wird die Menschen versöhnen!«

Pallas Athene ist dafür, Hermes ist dafür, auch Hera und Hestia sind dafür, ebenso Demeter und Hephaistos und Aphrodite und Artemis.

Da tritt Hades auf, der finstere Bruder des Zeus, der Herr der Unterwelt. »Soll es so sein«, sagt er. »Ich bin einverstanden. Sollen die Menschen den Tod besiegen. Aber entweder alle oder keiner. Ich werde die Pforten des Hades öffnen, und alle Verstorbenen werden ins Leben zurückströmen, und es wird kein Platz mehr sein auf der Welt.«

Zeus machte kurzen Prozess. Er schleuderte seinen Blitz auf Asklepios und tötete ihn. »Unsterblich sind die Götter, nur sie!«

ꕤ ꕤ ꕤ

Nichts ist so verführerisch wie das Versprechen der Unsterblichkeit. Wer wollte nicht gern den Tod besiegen. Und wenn das nicht gelingt, dann soll zumindest das Leben so lang wie möglich dauern. Und wenn es denn sein muss, dass es ein Ende findet, dann lässt es sich vielleicht woanders wieder fortsetzen. Aber was liegt zwischen dem Hier und einem unbekannten Dort?

Alle kurzen Geschichten haben lange Vorgeschichten. Asklepios: das war der Arzt, der den Tod besiegte, und dafür von Zeus mit dem Tod bestraft wurde. Und deshalb müssen wir noch immer sterben. Die Vorgeschichte aber, voll von genealogischen Verwicklungen, gibt Auskunft über die Geschichte dieses letztlich erfolglosen Kampfes gegen die Sterblichkeit des Menschen. Damit aber fügt dieser Mythos dem Bild, das den Menschen im Kampf gegen das Äußerste, den Tod, zeigt, eine weitere Facette hinzu.

Ixion hasst die Unsterblichen. Aber er ist vorsichtig, hält sie auf Distanz, will nichts mit ihnen zu tun haben. Aber er kann ihnen dennoch nicht entgehen. An Ixion lässt sich die Dialektik von Täter und Opfer exemplarisch nachvollziehen. Zeus, in seiner Gier rücksichtslos wie immer, vergnügt sich mit Ixions Braut, mit Zustimmung und Hilfe ihres Vaters. An diesem rächt sich Ixion in furchtbarer Art und Weise, Eioneus wird zu Tode geröstet. Die Götter sind bereit, diese Schuld zu entsühnen, doch Ixion, in einer Mischung aus gekränkter Eitelkeit, Hass und Hybris überschreitet eine Grenze: Er vergreift sich an Hera, der Gattin des Zeus. Im Grunde tut er nur, was auch dieser getan hatte, aber diese sexuelle Attacke wirkt zunächst einmal so unglaublich, dass eine aufwendige Konstruktion notwendig ist, um Ixion seiner Tat zu überführen.

Der Mythos lässt uns im Unklaren darüber, warum Ixion solches tat. Er musste doch wissen, dass die Götter nicht tatenlos zusehen werden, wenn sich ein Sterblicher an der Frau des obersten Gottes vergreift. Was bewog Ixion, die Einladung noch einmal anzunehmen, sich noch einmal frech an die nun nur noch fingierte Göttin heranzumachen, sie zu vergewaltigen? Hielt er sich für unantastbar? Glaubte er, dass die Schuld, die Zeus auf sich geladen hatte, indem er sich mit Ixions Braut vergnügte, den Gott im Zaume halten werde? Was immer es gewesen sein mag, es war ein Irrtum. Ixion hatte eine Grenze überschritten: die zwischen oben und unten, zwischen erlaubt und unerlaubt, zwischen Göttern und Menschen. Und die Strafe der Götter ist furchtbar: Sie flechten Ixion auf ein glühendes Rad, verleihen ihm aber die begehrte Unsterblichkeit, auf dass er ewig an seinen Qualen leide.

Wer wäre nicht gern unsterblich? Ixion, aufs Rad geflochten, wird nichts so sehr herbeigesehnt haben wie den Tod. In unseren auch vom medizinisch-technischen Fortschritt angetriebenen Unsterblichkeitsphantasien vergessen wir, dass sich mit jeder Verlängerung des Lebens auch das Leid verlängert. Unsterblichkeit kann das furchtbarste Verhängnis sein. Eine Philosophie, die sich noch auf das Unglück verstand, wusste davon. Die schlimmste Form der Verzweiflung, so formulierte es der dänische Philosoph Sören Kierkegaard, ist es, nicht einmal sterben zu können. Und für Arthur Schopenhauer wird eben jener aufs feurige Rad geflochtene Ixion zum Sinnbild des menschlichen Lebens überhaupt, ein Kreislauf von kurzer Lust und langem Leid, ein unaufhörliches Wechselspiel von Begehren und Versagen, ein ständiger, letztlich vergeblicher Kampf um Macht und Anerkennung, ein unaufhörliches Getriebensein. Nur in jenen seltenen Momenten, in denen es dem Menschen gelingt, sich ganz in ein Kunstwerk zu versenken, nur in der Kontemplation und Konzentration angesichts des Schönen, die das eigene Dasein für kostbare Augenblicke vergessen lässt, ist der Mensch aus dem »endlosen Strom des Begehrens und Erreichens« herausgehoben, befreit vom »Sklavendienste des Willens«. Das Rad des Ixion, so

Schopenhauer, steht dann still - wenn auch nur für einen Moment.

Ixions Hybris hatte Folgen. Die von ihm vergewaltigte Nachbildung der Hera gebiert die Kentauren, Exemplare einer ganz anderen Form der Grenzüberschreitung, nämlich der Grenze zwischen Tier und Mensch. Die Mythen sind voll von Hybridwesen aller Art, aber keines hat die Phantasie der Menschen vielleicht so angeregt wie der Kentaur. Diese Mischform von Mensch und Ross muss sich seit der Bändigung und Züchtung des Pferdes als Reittier geradezu aufgedrängt haben, eine erste Ahnung einer funktional gedachten Hybridbildung, die die Vorteile des Reittieres mit denen seines Reiters vereint. Dieser, mit dem Tierkörper verschmolzen, bedarf dann seines Unterleibs, seiner Beine nicht mehr, jenes, vom Reiter gelenkt und beherrscht, kann eines eigenen Kopfes entbehren.

Hybridwesen und Chimären haben allerdings aufgehört, Produkte einer kollektiven Phantasie zu sein; die Überschreitung dieser Grenze hat sich in den Laboratorien der Bioingenieure eine technische Gestalt gegeben; funktional zugerichtete Menschenkörper, die mit Tieren oder Maschinen verschmelzen, okkupieren nicht nur die Phantasie von Science-Fiction-Autoren. Aber vielleicht sollte man die Weisheit des Mythos bei solchen Experimenten nicht ganz außer Acht lassen: Neun dieser Mischwesen waren böse, nur eines gut.

Das Gute ist nie gut genug. Es genügt nicht, weise zu sein, man muss diese Weisheit auch weitergeben. Chiron kann als Modell des Lehrers gelten, der Wissen hervorbringt und tradiert, der im Sinne und Dienst der Menschen forscht und die Ergebnisse dieser Forschung anwendet, der durch seinen Unterricht bildet, ohne dass seine Schüler in seine Fußstapfen treten müssten. Im Gegensatz zu Platon, dem Ahnherrn der reinen Theorie, ist Chiron der Vater aller angewandten Wissenschaften. Chiron ist aber auch das Beispiel dafür, dass die Weitergabe des Wissens keine Erfolgsgarantie darstellt. Einigen der von ihm unterrichteten Helden fehlte es, traut man dem Mythos, durchaus an jener Einsicht, Weisheit und Güte, die den klugen Kentauren auszeichneten.

Der begabteste Schüler Chirons war Asklepios, selbst ein Hybridwesen, Sohn des Gottes Apoll und der unglücklichen Koronis. Er tastet sich an jene Grenze heran, von der wir gar nicht wissen, ob es sich dabei überhaupt um eine Grenze handelt: der zwischen Leben und Tod. Denn eines ist klar: Wäre diese Linie, die das Leben vom Tod trennt, eine Grenze, dann ließe sie sich auch überschreiten. Denn nur was überschreitbar ist, ist eine Grenze, und nur eine Grenze lässt sich überschreiten.

Das Entscheidende am Begriff der Grenze liegt darin, dass damit eine Unterscheidung vollzogen wird, die gleichzeitig die Möglichkeit ihrer Revision enthält. Grenzen zu erkennen und anzuerkennen bedeutet deshalb immer auch, zu erkennen und anzuerkennen, dass es nicht nur ein Diesseits, sondern auch ein Jenseits der Grenze gibt. Erst die Grenze provoziert die Frage, wann, wie und ob überhaupt die immer mögliche Überschreitung vollzogen werden kann, erst die Grenze provoziert den Wunsch zu sehen, wie es auf der anderen Seite aussieht. Die Vorstellungen vieler Religionen definieren den Tod tatsächlich als eine Grenze, die überschritten werden kann, und die von einem Diesseits in ein Jenseits führt. Wohl ändert man dabei vielleicht seine Gestalt, verliert vielleicht seine körperliche Hülle, wird womöglich zu einem Schatten – aber irgendeine Form der Identität hält sich durch, die nun über eine Grenze hinweg von einem Zustand in einen anderen gekommen ist. Mitunter wird ja diese Grenze zwischen dem irdischen und einem anderen Leben, die wir als Tod beschreiben, wie eine förmliche Grenzlinie mit Grenzposten gedacht, etwa der Fluss Lethe, der in der antiken Mythologie den Eintritt in die Unterwelt markierte, oder der Höllenhund Zerberus, der den Eingang zu dieser anderen Welt bewachte.

Sobald etwas als Grenze aufgefasst wird, stellt sich die Frage, ob und wie diese Grenze auch überwindbar wäre. Aber auch wenn sie überwunden wird, bleibt die Grenze eine Grenze. Eine Grenze zu überschreiten bedeutet deshalb etwas anderes, als eine Grenze *aufzuheben* oder *hinauszuschieben*. Das Leben zu verlängern, das Alter hinauszuschieben mit allen Mitteln von Medizin und Technik hält uns deshalb in Hinblick auf die Frage, ob denn der Tod eine Grenze sei, im Ungewissen. Denn der Tod könnte, wie es die Materialisten aller Zeiten angenommen haben, keine Grenze, sondern schlicht das Ende sein. Im Begriff der Endlichkeit des Daseins schwingt diese Einsicht mit: Über das Leben hinaus ist nichts mehr denkbar. Wenn der Tod aber keine Grenze, sondern ein Ende ist, dann geht es beim Kampf gegen den Tod nicht darum, eine Grenze zu überschreiten, sondern ein Ende hinauszuzögern, wenn möglich zu verhindern. Und das ist die Aufgabe, der sich Asklepios gestellt hat.

Asklepios kann durchaus für das medizinische Denken des modernen Menschen stehen. Dieser gibt sich nicht mehr mit den von einem Gott oder der Natur gesetzten Grenzen des Daseins zufrieden. Was Chiron, das Mischwesen, Asklepios lehrte, ist die Lektion der Moderne: erforsche die Natur, dringe in ihre Geheimnisse ein, um sie zu überlisten, sei neugierig, sei mutig. Besiege den Tod. Das Asklepios-Prinzip durchzieht auch die technikgeschwängerten Unsterblichkeitsphantasien der Gegenwart. Ob man sich wie die Kryoniker mit seinem Tod einfrieren lässt, in der Hoffnung, nach Jahrzehnten und Jahrhunderten aufgrund des technischen Fortschritts zu einer Fortsetzung des Lebens aufgetaut zu werden, ob man, wie manche Computerpioniere, von einer »funktionalen Unsterblichkeit« durch die Digitalisierung des Gehirns träumt, ob man, wie manche Genetiker und Bioingenieure, an die Möglichkeit der Reprogrammierung menschlichen Lebens glaubt: Immer steht dahinter der Wunsch und Wille, den Tod zu sistieren oder in eine überschreitbare Grenze zu verwandeln.

Asklepios ist dies gelungen. Die Debatte der olympischen Götter, wie mit diesem Erfolg menschlicher Intelligenz und Kraft umzugehen sei, kann paradigmatisch genannt werden. Sie, die Unsterblichen, können dem Menschen, der den Tod besiegt hat, ihre Bewunderung nicht versagen und wollen ihm selbst die Unsterblichkeit verleihen, ihn zu einem Gott machen. Nur Hades weiß, worum es wirklich geht: Der Tod kennt keine Ausnahme. Und dies gilt auch für die Aufhebung des Todes. Dass alle Menschen sterben müssen, der Reiche und der Arme, der Gute und der Böse, der Privilegierte und der Benachteiligte, galt und gilt als Ausdruck einer Gerechtigkeit, die über alle Ungerechtigkeiten dieser Welt hinwegzutrösten vermochte.

Nicht vor dem Gesetz, auch nicht vor Gott, nur vor dem Tod sind alle Menschen gleich. Hugo von Hofmannsthals *Jedermann* mahnt die betuchten Besucher der Salzburger Festspiele jeden Sommer an dieses unhintergehbare Faktum. Würden nur einige Menschen in den Genuss der Unsterblichkeit kommen, wäre dies unerträglich. Dies gilt wahrscheinlich auch für durchaus denkbare Möglichkeiten einer signifikant gestiegenen Lebenserwartung. Wie sähe eine Welt aus, in der wenige Privilegierte dreihundert Jahre oder mehr leben könnten, alle anderen aber mit achtzig sterben müssten? Deshalb kann und muss Hades unnachgiebig sein: entweder alle oder keiner. Zeus versteht und tötet Asklepios. Die modernen Konstrukteure von Langlebigkeit und Unsterblichkeit sollten deshalb bei ihren Unternehmungen an ihren Ahnherrn Asklepios denken: Eine Grenze, die für alle gilt, für wenige zu öffnen, kann ziemlich riskant sein. Und ein Ende, das für alle gilt, für wenige aufzuheben, ist tödlich.

SCHICKSAL

Judas

Es war einmal ein Mann, der hieß Ruben, der liebte Cyborea, und Cyborea liebte ihn. Sie heirateten, und sie beteten zu Gott, und Cyborea wurde schwanger. Sie dankten Gott für seine Gnade und freuten sich auf das Kind.

Wenige Tage, bevor Cyborea niederkam, hatte sie einen Traum: Sie träumte, sie werde einen Verbrecher zur Welt bringen und sein Name werde nicht vergessen werden bis ans Ende der Zeit, er werde eine Tat begehen, wie sie böser nie getan worden ist. Als sie erwachte, war ihr Gesicht tränenüberschwemmt. Sie erzählte den Traum ihrem Mann.

»Hast du auch geträumt, was seine böse Tat sein wird?«, fragte Ruben.

»Nein, das habe ich nicht geträumt«, sagte Cyborea.

»Aber du hast im Traum gewusst, dass er ein Verbrecher werden wird? Wer hat es dir im Traum gesagt?«

»Das weiß ich nicht«, sagte Cyborea und weinte. »Ich habe sein Gesicht gesehen, es war noch blutig von der

Geburt, und ich wusste, er wird der größte Verbrecher werden, den die Welt je sehen wird. Und ich habe ihn gehasst ... mein eigenes Kind!« Und sie musste weinen und konnte es nicht lassen.

Da stand Ruben vom Tisch auf und rang die Hände und ging hinaus und kam zurück und ging wieder hinaus und kam wieder zurück.

»Und dieser Mensch ist in deinem Bauch?«

Cyborea nickte.

Träume sind Botschaften, die Gott den Menschen schickt. Nicht anders dachten sie. Niemals wieder seit Moses hat Gott mit einem Menschen von Angesicht zu Angesicht gesprochen, und selbst vor Moses verbarg der Ewige sein Haupt, nur seine Stimme konnte Moses hören. Aber Träume schickte er manchmal, und es kam darauf an, sie richtig zu deuten.

Darum weinte nun auch Ruben. Aber er legte doch seine Hand auf den Bauch seiner Frau, und sie legte die ihre auf die seine.

Sie wussten nicht, was sie tun sollten, aber Cyborea und Ruben fassten den Entschluss, das Kind zu töten, gleich nach seiner Geburt. Aber als es zur Welt kam und sein Gesichtchen so weich war und die Augen so unschuldig blickten, da brachten sie es nicht übers Herz.

»Was sollen wir nur tun?«, sagte Ruben.

»Wir wissen nicht, was wir tun sollen«, sagte Cyborea.

Gott zu fragen, das wagten sie nicht. Sie fürchteten, er könnte sich ihnen zuwenden und in ihr Herz blicken.

Sie wussten nicht, was sie tun sollten, aber sie fassten den Entschluss, das Kind in einen Korb zu legen und den Korb dem Meer zu übergeben.

Sie sagten, aber sagten es nur bei sich: Gott hat uns diesen Knaben gegeben. Wenn Gott will, dass er lebt, dann wird er dafür sorgen. Wenn aber Gott will, dass er stirbt, dann wird ihn das Meer verschlingen.

Das Kind blieb am Leben. Der Knabe wurde in dem Korb über das Meer getragen und an das Ufer eines fremden Landes gespült. Dort lebte eine Königin, die fand den Korb und fand das Kind.

Ich habe es nicht geboren, sagte sie zu sich, aber es ist, als hätte ich es geboren. Ich habe dieses Kind gefunden, und es ist so klein, als wäre es erst geboren worden.

Sie war kinderlos, und das war ihr Elend gewesen bis auf diesen Tag und das Elend ihres Mannes.

Jetzt ist unser Elend zu Ende, sagte sie zu sich.

Sie brachte den Knaben zu ihrem Mann. »Unser Elend ist zu Ende«, sagte sie. »Wenn du einverstanden bist, dass wir so tun, als ob ich diesen da geboren hätte, dann ist unser Elend zu Ende.«

»Dann will ich so tun«, sagte der König.

Vor dem Rat und vor dem Königreich wurde so getan, als ob der Knabe das Kind von König und Königin wäre. Und darum war er es auch.

Alle Liebe wurde dem Kind gegeben. Alles war lind und zart und weich und sanft – die Luft, die Speisen, die Geräusche, die Temperatur des Badewassers, die Farben des Kinderzimmers, die Kleider.

Und dann bekam die Königin eines Tages doch ein Kind, ein eigenes. Es war ebenfalls ein Knabe. Und er war um ein kleines Wenig schöner als das gefundene Kind, um ein winzig Kleines war seine Stimme lieblicher, glänzten seine Augen mehr, hörte sich sein Lachen fröhlicher an. Da zogen der König und die Königin alle Liebe von dem fremden Kind ab, und alle Liebe bekam das neue Kind, das eigene. Das fremde Kind aber war nichts mehr. Und so wurde es das Ziel von Spott und Hohn, von Verachtung und Zorn. Nichts mehr in seinem Leben war lind und zart und weich und sanft, alles war von nun an grob, scharf, hart, kalt, finster.

So wuchsen die beiden Knaben heran.

Eines Tages sagte das eigene Kind zum fremden Kind dasselbe, was sonst immer Vater und Mutter gesagt hatten, nämlich: »Du bist gar nichts. Du bist ein Bastard. Du bist nicht mein Bruder, du bist nicht einmal mein Halbbruder. Du bist ein verlorener, ein gefundener Balg. Niemand kann dich leiden. Jeder geht, wenn du kommst.«

So kam es zum Streit. Sie rangen miteinander. Das eigene Kind wich zurück, fiel, schlug mit dem Kopf auf einen Stein. Und war tot.

Das hatte das fremde Kind nicht gewollt. Aber es wusste, es konnte nicht mehr bleiben, es musste die Stadt und das Königreich verlassen.

Er war ja auch schon bald ein junger Mann.

In der Nacht verließ er die Stadt, in der Nacht ging er auf ein Schiff. Als Morgen war, war alles vergessen. Er war niemand. Verschwunden. Nicht wiedergefunden. Er arbeitete auf dem Schiff, und er arbeitete gut. Der Kapitän machte ihn zu seinem Vertrauten. Der junge Mann konnte gut rechnen. Der Kapitän verdiente viel Geld und verdiente mehr Geld, seit der junge Mann bei ihm war.

So fuhren sie eines Tages in einen Hafen ein, und da sagte der junge Mann zum Kapitän: »Ich will etwas anderes suchen. Ich bin noch jung, du selbst hast zu mir gesagt, die Welt steht mir offen.«

»Bleib«, sagte der Kapitän, der den jungen Mann liebte, »bleib! Mit mir zusammen wirst du die Welt kennenlernen.«

»Ich bringe Unglück«, sagte der junge Mann und ging.

Er machte sich auf den Weg und kam in eine Stadt, und die Stadt war Jerusalem.

Er suchte Arbeit. Er fragte auf der Straße: »Wer ist der mächtigste Mann in Jerusalem?«

»Pontius Pilatus«, wurde ihm geantwortet.

Er ging zum Palast des römischen Statthalters, sagte zur Wache, er wolle vorgelassen werden, und er wurde vorgelassen.

»Ich möchte für dich arbeiten«, sagte er. »Ich kann gut rechnen, meinem bisherigen Herrn habe ich viel Geld eingebracht.«

Pontius Pilatus prüfte ihn und befand ihn für gut, und der junge Mann trat in seinen Dienst.

»Wie heißt du?«, fragte der Statthalter.

»Judas.«

»Woher kommst du?«

»Aus Kariot.«

Judas sollte den Haushalt leiten. Er war Claudia Procula unterstellt, der Frau des Pontius Pilatus. Claudia Procula war sehr zufrieden mit ihm. Nie gab es Klagen.

Eines Tages blickte Pontius Pilatus aus dem Fenster seines Zimmers, er blickte hinab auf den Nachbargarten. Dort sah er einen Apfelbaum, der trug wunderbare Früchte. Er rief Judas zu sich und sagte: »Geh hinunter in diesen Garten und pflücke mir ein paar von den Äpfeln! Ich kann an nichts anderes denken.«

»Das darf ich nicht«, sagte Judas. »Dieser Garten gehört dir nicht, er gehört einem Bürger dieser Stadt.«

»Ich befehle es dir,« sagte Pontius Pilatus. »Die Stadt gehört Rom, und ich bin Rom, und deshalb gehören mir auch dieser Garten und seine Äpfel!«

Da ging Judas in den Garten und pflückte Äpfel von dem Baum.

Das Haus und der Garten aber gehörten Ruben und Cyborea. Die beiden waren reiche und vornehme Bürger von Jerusalem.

Ruben kam aus dem Haus gelaufen und stellte Judas. »Was tust du hier?«

»Ich habe den Auftrag, für Pontius Pilatus, der in dieser Stadt den römischen Kaiser vertritt, Äpfel zu holen.«

»Das darfst du nicht,« sagte Ruben. »Das ist nicht recht.«

»Rom hat es befohlen«, sagte Judas.

Aber Ruben wusste, was recht war und was nicht. Es kam zu Handgreiflichkeiten. Judas gab Ruben einen

Stoß, der wich zurück, stürzte, fiel mit dem Kopf auf einen Stein. Und war tot.

Pontius Pilatus ließ die ganze Sache vertuschen. Er requirierte den Besitz dieses Mannes, machte ihn zum Eigentum des römischen Staates, und das Römische Reich schenkte das Haus und den Garten dem Finanzberater des Pontius Pilatus für seine treuen Dienste.

Der Statthalter sagte: »Das alles gehört von nun an dir!«

»Was heißt das?«, fragte Judas. »In dem Haus wohnt ja noch die Frau des Mannes, den ich erschlagen habe. Was soll mit der Frau geschehen, wenn du mir ihr Haus und ihren Garten schenkst?«

»Schick sie fort!«

»Das will ich nicht«, sagte Judas.

»Dann heirate sie!«

Und Judas heiratete Cyborea.

Er wusste nicht, dass sie seine Mutter war. Er wusste nicht, dass er seinen Vater getötet hatte. Und Cyborea wusste nicht, dass Judas ihr Sohn war. Judas erzählte ihr, Räuber hätten ihren Mann überfallen. Und dass sie ganz gewiss auch ihr Leben hätte lassen müssen, wenn nicht er, Judas, zufällig aus dem Fenster des Statthalters geblickt hätte und ihrem Mann zu Hilfe geeilt wäre, leider zu spät, aber immerhin habe er die Halunken aus dem Garten vertrieben, gerade noch rechtzeitig, ehe sie ins Haus eingebrochen wären …

Eine große Sympathie war zwischen den beiden, vom ersten Augenblick an. Eine große Liebe. Es war ja die Liebe zwischen Sohn und Mutter und Mutter und Sohn. Aber die beiden meinten, es sei eine Liebe zwischen Mann und Frau.

Und dann erfuhr Cyborea die Wahrheit: dass sie die Mutter ihres Geliebten war; dass ihr Geliebter ihren Mann getötet hatte; dass ihr Geliebter der Mensch war, von dem sie geträumt hatte, er werde der größte Verbrecher werden.

Da erhängte sich Cyborea.

Und Judas? Er schloss sich Jesus an. Er wurde ein treuer Jünger, er verfügte über das Geld der Apostel. Und dann verriet er Jesus. Für lächerliche dreißig Silberlinge? Niemand weiß, warum er ihn verraten hat.

Nichts ist so verführerisch wie das Geld. Die Nachricht, dass ein englischer Politiker behauptet hatte, dass jeder Mensch seinen Preis habe, für den er sich weggibt, hatte Immanuel Kant in Verzweiflung gestürzt. Der

Philosoph, der daran glauben wollte, dass der Mensch allen Anfechtungen zum Trotz dem Sittengesetz folgen könne, sah in dieser allgemeinen Korrumpierbarkeit des Menschen das Böse schlechthin am Werk. Wie böse muss dann erst einer sein, der den Menschen, den er am meisten liebt und verehrt, für lumpige dreißig Silberlinge verrät?

Judas, einer der zwölf Apostel Jesu, war solch ein Verräter. Zumindest galt er in der christlichen Theologie lange als die Inkarnation des Abtrünnigen und des Geldgierigen, dem allerdings der Verrat kein Glück gebracht haben soll. Wie aber wird man zu einem Verräter? Und hatte das Geld wirklich so viel verführerische Kraft besessen, um einen Menschen von allem abzubringen, für das er eingestanden war? Judas galt als reicher Mann, das Geld kann ihn nicht verführt haben, Jesus war ein bekanntes Gesicht, es musste nicht durch den Judaskuss identifiziert werden. Aber was dann?

Vielleicht war Judas der Einzige, der Jesus verstanden hatte und ihm jenes Opfer ermöglichte, durch das der Messias sein Erlösungswerk vollenden konnte. Der israelische Schriftsteller Amos Oz hat in seinem Roman *Judas* seinen Protagonisten diese These vertreten lassen: dass Judas der erste, vielleicht auch der letzte wirkliche Christ war, der wollte, dass Jesus sich ausliefert, ans Kreuz schlagen lässt und dann vom Kreuz herabsteigt, sich der Welt als Messias offenbart und das himmlische Königreich errichtet, hier und jetzt. Ob es so war - wir wissen es nicht. Ob Judas am Kreuzestod Christi verzweifelte und deshalb seinen Glauben verlor und sich erhängte - wir wissen es nicht.

Wie jede Tat hat aber auch die des Judas eine Vorgeschichte. Auch diese kennen wir nicht. Aber wir können uns eine solche ausdenken. In mittelalterlichen Legenden wurden solche Vorgeschichten erzählt. Sie befriedigten nicht nur das Bedürfnis der Menschen nach einer Erklärung für ein unerklärliches Handeln, sondern tauchten die umstrittene Figur des Judas in ein eigentümliches, mitunter überraschendes Licht.

Traut man der Legende, lag von allem Anfang an ein Fluch auf Judas. Schon vor seiner Geburt ahnte seine Mutter, gewarnt durch einen Traum, dass sie einen großen Verbrecher zur Welt bringen werde. Die verzweifelten Eltern beschließen, das Kind auszusetzen, um sich vor dem Unheil zu schützen. Wie Moses wird das Kind dem Wasser überlassen, wie bei Ödipus nimmt das grausame Schicksal seinen Lauf. Und plötzlich ist Judas durch diese Anspielungen eingespannt zwischen den Verheißungen des Judentums und dem Schicksalsglauben der Griechen.

Man kann seinem Schicksal nicht entgehen. Diese Botschaft durchzieht die Judaslegende, die mannigfach ausgeschmückt und ausgedeutet wurde. Das Schicksal aber erlaubt auch die Konstruktion jener Unwahrscheinlichkeiten, die das Schicksal überhaupt erst zu einem Schicksal werden lassen. Die Wahrscheinlichkeit, zu ertrinken oder von einem armen Fischer an Land gezogen zu werden, war für den Knaben sicher wesentlich höher, als bei einer Königin zu landen, die selbst kein Kind bekommen konnte. Dass sich das Unwahrscheinliche dennoch mit unerbittlicher Notwendigkeit zu vollziehen scheint, gibt dem Schicksal erst jene Macht, von der auch Giuseppe Verdi wusste, dass man sich ihr nicht entziehen kann: *La forza del destino*!

Die Legende zeichnet den vom Schicksal Gezeichneten durchaus ambivalent. Solange das Kind geliebt wird, droht keine Gefahr. Erst der Liebesentzug und die Konkurrenz durch den leiblichen Sohn seiner königlichen Zieheltern, erst die Konfrontation mit dem Vorwurf, ein Fremder, ein Ungewollter und Ungeliebter zu sein, erst der Umschlag von Zuneigung in Gleichgültigkeit machen den Jüngling zornig, lassen ihn zum Totschläger werden. Und das bedeutet: Flucht.

Judas war ein Flüchtling. Wie Ödipus floh er vor einem Verhängnis, dem er nicht entgehen konnte. Ja, er war geschickt im Umgang mit Geld, und er war nicht treulos. Der Kapitän, der ihm Asyl bot, machte durch sein Geschick gute Geschäfte. Doch Judas musste ihn verlassen, zu sehr fürchtete er das Unglück, das seine Gegenwart den anderen bringen musste. Zog er deshalb nach Jerusalem, trat er deshalb in den Dienst des mächtigen Pontius Pilatus, hoffte er, dass die weltliche Macht den Fluch bannen konnte? Wir wissen es nicht.

Wie Ödipus konnte auch Judas seinem Schicksal nicht entgehen, und dieses glich dem des Königs von Theben. Auch Judas sollte seinen Vater, den er nicht kannte, im Streit erschlagen, weil er für seinen mächtigen Dienstherrn Obst stehlen sollte. Und man muss sich das Bild von Macht vor Augen halten, das hier skizziert wird: Der Vertreter des Imperiums lässt seinen Diener im Garten des Nachbarn Äpfel stehlen! Die Unerbittlichkeit des Schicksals wird durch diese lächerliche Aktion allerdings noch einmal verstärkt. Wieder tötet Judas ohne es zu wollen, wieder wird er böse nicht aus Eigensinn, sondern weil er, gegen seine Überzeugung, einem Befehl gehorcht. Liegt darin seine Verfehlung? Hätte er Widerstand leisten sollen?

Judas tötet seinen Vater und bekommt dessen Haus und Frau - seine Mutter. Es mag eine durchaus reine Liebe gewesen sein, die beide verband. Allerdings muss

Judas ein wenig lügen, um als Retter und nicht als Mörder zu erscheinen. War das wieder ein Fehler? Hätte er die Wahrheit sagen müssen, die er verschwieg, um diese Frau nicht in ein Unglück zu stürzen, vor dem er sie ohnehin nicht bewahren konnte? Wir wissen es nicht. Aber vielleicht liegt die Unerbittlichkeit des Schicksals an jenen Wegkreuzungen des Handelns, an denen Alternativen aus falschem Kalkül ausgeschlossen werden.

Völlig undramatisch entdecken Mutter und Sohn ihr furchtbares Geheimnis. In vertrauten Gesprächen, wie sie nur Liebende führen können, in den wechselseitigen Erzählungen ihrer Lebensgeschichten müssen sie sich erkannt haben. Wie Jokaste, die Mutter und Frau des Ödipus, erhängt sich auch Cyborea, die Mutter und Frau des Judas. Dieser aber blendet sich nicht wie das griechische Vorbild, sondern schließt sich wie andere auch Jesus an und wird sein Vertrauter. Lässt Judas sich von Jesus blenden? Und wird er ihn deshalb seinen Verfolgern übergeben?

Die Legende lässt es eher unwahrscheinlich erscheinen, dass Judas seinen Herrn um des Geldes willen verraten hat. Auch wenn wir annehmen wollen, dass Judas seinen Herrn durch diesen Akt zu einem messianischen Bekenntnis drängen wollte, zu einem Zeichen, dass nun der Erlöser gekommen sei, bleibt das Motiv dafür im Dunkeln. War es Liebe, der Wunsch nach Sicherheit im Glauben, das Vertrauen in die Allmacht des Verehrten, die Neugier, ja Lust auf eine Probe seiner Macht? – Wir wissen es nicht. Wohl aber stellt die Legende eine ganz andere Frage in den Mittelpunkt: Was immer Judas getan hat – wie sehr musste er es tun?

Der Glaube an das Schicksal, an die Ausweglosigkeit, an die Bestimmung könnte als pränaturalistische Version des Determinismus verstanden werden. Wie für jeden Determinismus, der, zu Ende gedacht, in einen Fatalismus münden müsste, gilt das, was Sören Kierkegaard darüber gesagt hat: Es handelt sich um eine »Geistesverzweiflung«. Der Geist, der sich durch Freiheit bestimmt, glaubt, dass er dieser Freiheit entraten muss, einem Fatum ausgeliefert ist, über das er keine Macht hat – ob dies nun ein Gott, ein Gesetz, die Gene oder das Gehirn sind. Die moderne, um nicht zu sagen modische Debatte um die Freiheit des Willens kreist im Grunde um dieses Verhältnis, ist selbst ein Ausdruck dieser Geistesverzweiflung. Allerdings: Selbst als Fatalist zu glauben, einer Bestimmung unterworfen zu sein, ist etwas anderes, als der Handlung eines anderen diese Unterworfenheit zuzuschreiben.

»Es muss ja Ärgernis kommen; doch weh dem Menschen, durch welchen Ärgernis kommt.« Dieses Jesuswort demonstriert eindringlich jene Dialektik von Freiheit und Notwendigkeit, wie sie Judas zum Verhängnis geworden war: An welchen Stellen seines Lebens hätte er die Möglichkeit gehabt, so zu handeln, dass er seinem Schicksal hätte entrinnen können? Wenn es – und dies war immer eine geschichtsphilosophische These – seine Aufgabe gewesen war, in verhängnisvoller Weise am Erlösungswerk seines Gottes mitzuwirken, dann hätte auch jede andere Option zu demselben Ergebnis geführt. Unfrei war er dennoch nicht. Denn darin besteht dieses Paradoxon, das sich in der Geschichte des Judas zeigt: Das Böse, wenn es denn kommen muss, setzt dennoch Freiheit voraus, denn ohne diese wäre es nicht. Das Jesuswort spiegelt so nicht nur eine antike Weisheit, sondern auch eine moderne Einsicht wider: dass man Handlungszwängen unterliegen kann und doch für seine Handlungen verantwortlich ist.

Die Legende wollte, indem sie das Schicksal beschwor, dem Judas nicht entgehen konnte, diesen Mann nicht von seinen Taten entlasten; aber sie konnte vielleicht verdeutlichen, dass es manchmal keine Chance gibt, einem Schicksal zu entgehen, das man nicht selbst gewählt hat. Doch, es war ein Verrat – aber es war vielleicht nicht das Klingen der Münzen, dem Judas nachgegeben hat. Nicht immer, wenn jemand käuflich erscheint, ist er gekauft – dies Kant zum Trost. Aber es liegt schon auch etwas Verführerisches in dem Gedanken, dass niemand seinem Schicksal entgehen kann. Verführerisch ist dieser Gedanke aber deshalb, weil er von aller Verantwortung zu entlasten scheint. Judas wäre dann gleichsam von jenem Makel des Verräters befreit, der ihn in der christlichen Tradition lange begleitete. Als bloßes Werkzeug in den Händen einer höheren Macht wollen wir Judas dennoch nicht sehen. Es kann auch Würde darin liegen, das zu tun, was getan werden muss.